玩赚短视频

引流与变现全攻略

杨　飞◎著

中国铁道出版社有限公司
CHINA RAILWAY PUBLISHING HOUSE CO., LTD.

内 容 简 介

短视频运营的痛点、难点是引流和变现，本书采用逆向驱动写法，针对两大痛点，先讲变现，倒推、驱动来讲实现方式，如何引流和生产内容。

本书通过“内容＋实战”，从两条线帮助读者把握短视频盈利风口。

一条是内容线，分别从典型平台变现、知名IP变现、内容直接收益、制造平台爆款、内容数据分析、流量商业变现、引流推广技巧、视频平台观看、其他平台功能和用户数据分析这十个方面，进行全面解说。

另一条是实战线，通过方法介绍对各知识点进行详细说明，并配以具体的案例，案例涉及生活技巧、科技数码、幽默喜剧、美食、人文等多个短视频类目，让读者更快地知道与短视频运营相关的内容，玩透短视频，从新手快速入门逐渐成为利用短视频变现的高手。

本书适合对短视频变现和营销感兴趣的人士，特别是短视频行业的从业人员，想通过短视频进行营销的企业和商家，想通过短视频实现快速引流的自媒体人，以及专注短视频风口的创业者等。

图书在版编目（CIP）数据

玩赚短视频：引流与变现全攻略／杨飞著．—北京：中国铁道出版社有限公司，2019.7（2019.10重印）

ISBN 978-7-113-25849-8

Ⅰ．①玩…　Ⅱ．①杨…　Ⅲ．①网络营销　Ⅳ．①F713.365.2

中国版本图书馆CIP数据核字（2019）第106500号

书　　名：玩赚短视频：引流与变现全攻略
作　　者：杨　飞

责任编辑：张亚慧　　**读者热线电话：**010-63560056
责任印制：赵星辰　　**封面设计：**MXK DESIGN STUDIO

出版发行：中国铁道出版社有限公司（100054，北京市西城区右安门西街8号）
印　　刷：三河市兴达印务有限公司
版　　次：2019年7月第1版　　2019年10月第2次印刷
开　　本：700mm×1000mm　1/16　**印张：**14.75　**字数：**256千
书　　号：ISBN 978-7-113-25849-8
定　　价：55.00元

前言

PREFACE

近年来，随着移动互联网的迅速发展，几乎人人都离不开手机，通过手机我们能够了解千里之外的世界发生了什么事情。

以往我们获取信息主要是以图片、图文这种静态的形式，最近几年，网络越来越方便，我们获取信息的形式发生了翻天覆地的变化，通过短视频这种动态的形式，切身体验感受真实的世界。

短视频快速发展的背后，造就了一大批传奇“网红”，有人说 4 分钟是短视频最主流的时长；57 秒被定义为短视频行业的工业标准；无数青年艺术家的偶像安迪·沃霍尔说过：“每个人都能成名 15 分钟，每个人都有机会在 15 分钟内成名。”然而，现在大红大紫的抖音却告诉我们，想要出名，根本就不需要 15 分钟，15 秒就够了；15 秒的微博具备贴图、文字、滤镜等功能，微信 10 秒加深了亲友关系这条纽带。

移动互联网的发展，给短视频的崛起提供了无与伦比的狂野助力，无论是个人还是企业，都在试图通过短视频渠道做营销宣传，想要狠狠抓住这波流量红利，占据上亿用户的碎片化时间，此书将会从三大板块，毫无保留地告诉你，如何玩转短视频，带你进入短视频行业，对短视频流量、短视频变现有深入的认知，并通过开篇的变现案例，给予你足够的信心。

我的这本新书将为你一一揭晓答案。

市场上已经有不少短视频运营的书，本书的立意是不做常规入门书，从两点上进行了创新：一是特意从短视频的核心，也就是两大痛点和难点——引流和变现来进行深度解说，既区别化又优异化市场图书。二是逆向驱动写法，针对两大痛点，先讲变现，倒推、驱动来讲实现方式，如何引流和生产内容。

换言之，本书不是入门级普及书，而是专业细分书，只讲、专讲短视频运营最大的痛点和难点，即引流和变现，帮助大家解决短视频操作中的难题。

由于作者知识水平有限，书中难免有错误和疏漏之处，恳请广大读者批评、指正。

编 者

2019 年 6 月

目录 | CONTENTS

第1章 案例先行：典型平台变现

第4章　制造爆款：提升用户关注

第1章

案例先行：典型平台变现

随着短视频和新媒体的迅速发展，互联网行业的平台盈利模式也是花样百出，层出不穷。在打造完短视频后，运营者可能还是会有所疑问，到底如何能够成功变现、获取盈利呢？

- ✧ 抖音：平台优质内容丰厚补贴
- ✧ 快手：平台粉丝打赏主要收益
- ✧ 火山：个人赚取火力提升收益
- ✧ 美拍：个人积累粉丝获得打赏
- ✧ 梨视频：资讯类视频流量变现
- ✧ 今日头条：形式多样快速变现
- ✧ 第一视频：成功晋级获取收益
- ✧ 百家号：三大渠道让变现更简单
- ✧ 一点资讯："点金计划"获收益
- ✧ 网易号：账号星级越高收益越高

001 抖音：平台优质内容丰厚补贴

抖音是一款备受年轻人喜爱的音乐短视频 APP，它的收益主要来源于平台补贴。同时此平台还常常与品牌主发起相关话题挑战，吸引用户参与，以便推广品牌。图 1-1 所示为溜溜梅与抖音联手发布的“# 溜溜梅扛酸全民挑战”的话题。

◆ 图 1-1 # 溜溜梅扛酸全民挑战

这种话题挑战实际上是需要通过品牌商、平台方、达人以及用户等一系列的合作的。平台方和品牌商发起话题挑战，利用达人和活动运营炒热话题，从而吸引广大用户参与挑战。如果用户生产出优质的内容，且引起了较为广泛的传播，那么平台就会给出奖赏和补贴。

抖音平台除了话题挑战功能外，还有购物车推送功能，其就在短视频内容的播放页面的左下方，这种就是通过平台结合电商的变现形式。

专家提醒

抖音为了获取更多收益，也开通了直播功能，相对于平台补贴而言，直播中获得的粉丝打赏收益更加直接，而且获取的收益往往也更加可观。

002　快手：平台粉丝打赏主要收益

快手是一款比较接地气的 APP，同时也是普通老百姓娱乐的绝佳平台，它的收益方式主要是以粉丝打赏为主。对主播而言，只要有足够的粉丝支持，内容质量高，就能够获取较为可观的收益。图 1-2 所示为快手的直播界面，粉丝给主播送礼物就是收益的体现。

图 1-3 所示为“快币充值”页面。粉丝可以通过充值快币给主播送礼物，故礼物赠送越多，主播获取的收益也会更多。

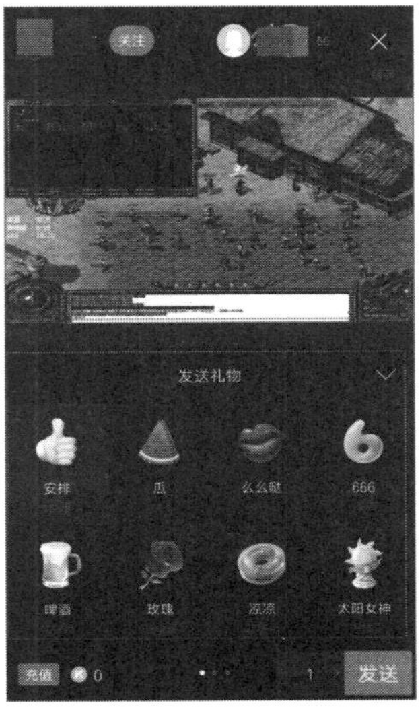

◆ 图 1-2　快手直播页面发送礼物的收益方式

◆ 图 1-3　“快币充值”页面

专家提醒

快手的直播功能可以给主播提供收益，具体的方法为：扣税20%左右，五五左右分成，剩下的就是主播的实际收入。

003 火山：个人赚取火力提升收益

火山小视频是一款收益分成比较清晰、进入门槛较低的短视频平台。火山小视频的定位从一开始就很准确，而且也把握了用户想要盈利的心理，打出的口号就是“会赚钱的小视频”。那么，火山小视频的主要收益究竟来自哪里呢？

火山小视频是由今日头条孵化而成的，同时今日头条还为其提供了10亿元的资金补贴，以全力打造平台上的内容，聚集流量，炒热APP。因此，火山小视频的主要收益也是来自平台补贴。那么，用户要怎样才能获得这些补贴呢？

利用第三方账号微信、QQ、微博等登录火山小视频之后，就会来到图1-4所示的火山小视频的个人主页，点击“火力”按钮，即可进入相应页面通过页面切换查看与火力、钻石相关的数据，如图1-5和图1-6所示。

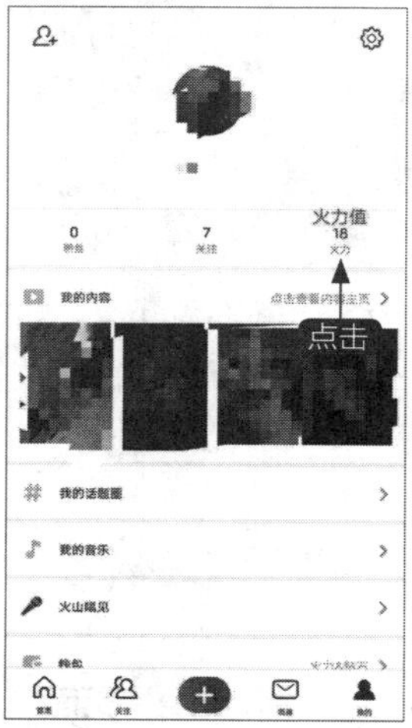

◆ 图1-4 火山小视频的个人主页

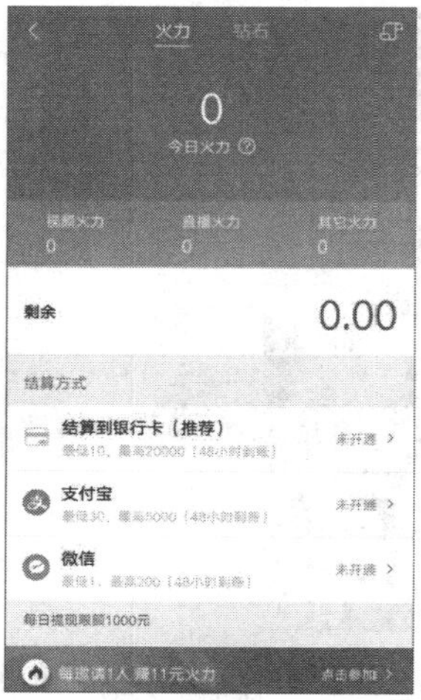

◆ 图1-5 “火力”页面

◆ 图1-6 “钻石”页面

图 1-5 所示的页面还显示了火力结算的方式。而图 1-6 所示的页面中的钻石充值则是为直播中送礼物提供的功能，这也是一种收益来源。

专家提醒

火山小视频是通过火力值来计算收益的，10 火力值相当于 1 块钱，所以盈利是非常划算的，关键在于内容要有保障，最好垂直细分，而不是低俗、无聊。

004 美拍：个人积累粉丝获得打赏

美拍的主要收益来自粉丝打赏，而打赏又依赖于粉丝的积累，有了足够多的粉丝才能够进行变现，从而获得丰厚的收益。

值得注意的是，美拍可以通过内容创作融入广告，而且还有多种不同的形式，有比较直接的，也有比较富有创意的。比如各大品牌商在美拍上发起的 # 广告也有戏 # 就是直接的广告，而有的则是通过创意的内容来植入广告和商品链接，不过这也需要有足够强大的粉丝基础才能达到效果。

图 1-7 所示为美拍平台上的关于雅格 LED 护眼小台灯的短视频。拥有庞大粉丝量的短视频运营者发布与商品相关的推荐内容，在内容左下角放置商品的购买链接，用户只要感兴趣就可以点进去进行购买。

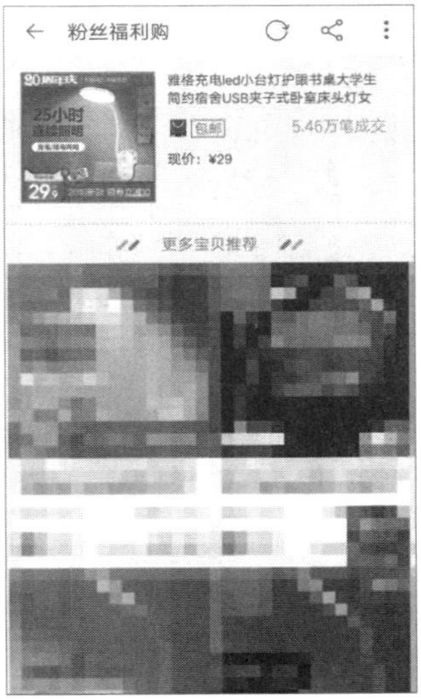

◆ 图 1-7　美拍的商品链接

由此也可以看出，美拍的收益来源主要得益于粉丝的力量，粉丝打赏同时也是它的主要收益方式。想要吸粉，就要保证内容创作的质量，如果生硬加入商品链接，则无法获取持续而稳定的收益。

005 梨视频：资讯类视频流量变现

梨视频的创始团队来自澎湃新闻，因此，它对于资讯和新闻方面比较擅长。视频的内容采用的是由全球的拍客拍的各个地方的新鲜事儿，然后由公司专业的编辑团队最终整理成为一条比较完整有价值的视频。

它拥有遍布全球的拍客网络，至今有 5 万多的拍客分布在全球多个城市，每天上传大量的原创视频，只要成为一名拍客就可以享受收益，拍客的视频被审核通过了之后，梨视频会第一时间把基础稿酬计入拍客的个人账户内。

然后根据 24 小时内拍客的视频点击率等一些数据给予相应的奖励，梨视频也有权根据拍客的内容和完成素材的劳动强度和质量，对给出的基础稿酬有一定的调整性，自然，拍的视频越多奖励也就越多。

图 1-8 所示为拍客拍视频的页面，拍客拍了视频且审核通过之后，收益可以在图 1-9 中“我”的个人主页上查看。

◆ 图 1-8　拍客拍视频页面

◆ 图 1-9　梨视频个人主页

006 今日头条：形式多样快速变现

今日头条是一款基于用户数据行为的推荐引擎产品，同时也是内容发布和变现的一个大好平台。作为资深的自媒体渠道，今日头条的收益来源是比较典型的，同时形式也比较多。图 1–10 所示为今日头条的“收益概览”页面。

◆ 图 1–10　今日头条的“收益概览”页面

总的来说，今日头条的收益方式主要有 6 种，其具体内容如图 1–11 所示。

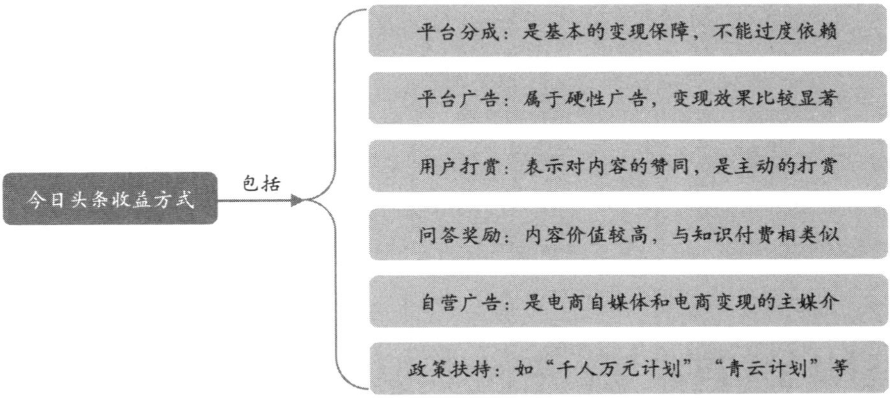

◆ 图 1–11　今日头条的收益方式

007 第一视频：成功晋级获取收益

第一视频是中国第一家微视频新闻门户网站，同时也是一个融视频、新闻以及移动终端为一体的综合性媒体平台。图 1-12 所示为“第一视频”画面的首页。此外，第一视频还具有强大的云计算、云存储、云搜索以及云关联的功能，不仅提供富有价值的新闻资讯，同时还提供平台让每位有想法的网友都成为内容的创作者。

◆ 图 1-12 “第一视频”画面的首页

第一视频的视频播放界面比较简洁，而且也没有广告，大多是短短的几分钟视频。在这种情况下，第一视频的主要收益来自哪里呢？答案打赏收入。但需要注意的是，如果想要在第一视频平台获得打赏收益，就必须成功晋级为此平台的自媒体认证会员，否则是无法获取收益的。

008 百家号：三大渠道让变现更简单

百家号是百度公司全力打造的创作平台，内容生产者可在此平台上发布内容、通过内容变现、管理粉丝等。那么，百家号究竟是怎么获取收益的呢？总的来说，此平台的收益主要来自三大渠道，具体如图 1-13 所示。

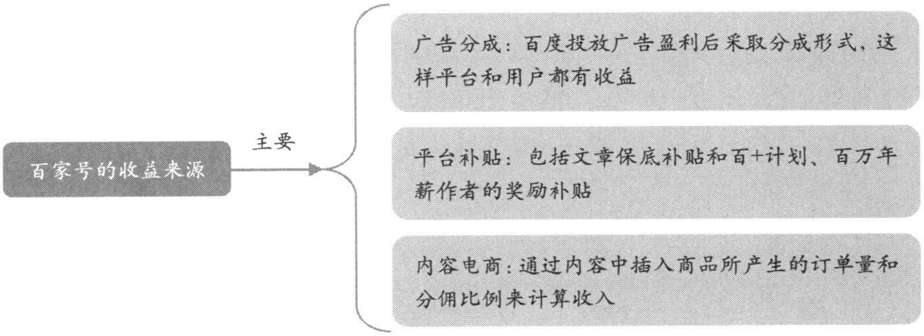

◆ 图 1-13　百家号的主要收益来源

这 3 种收益方式相比较而言，广告分成和粉丝赞赏是比较简单的，只要发布了内容基本就可以获取，而原生广告则较为复杂一些，需要内容拥有较高的质量才能成功变现。

图 1-14 所示为百家号的“收益分析”页面。想要获取更多的收益，就要打造更为优质的内容，内容为王的道理适用于很多领域，平台变现也少不了对内容的关注。

◆ 图 1-14　百家号的“收益分析”页面

009 一点资讯："点金计划"获收益

一点资讯是一款基于兴趣推荐的平台，主要特色为搜索与兴趣结合、个性化推荐、用户兴趣定位精准等。一点资讯平台的收益方式主要是平台分成，不过后面平台又推出了"点金计划"，如图 1–15 所示。如果短视频创作者想要通过此渠道获取收益，是需要向平台方提出申请的，申请通过后才可以开始盈利。

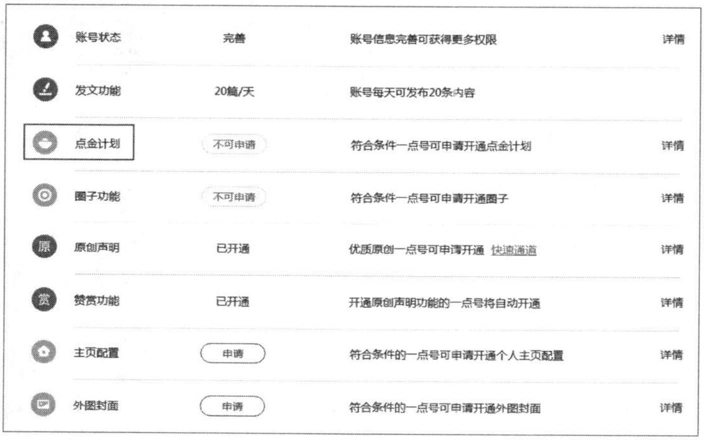

◆ 图 1–15　一点资讯的"点金计划"

专家提醒

"点金计划"的申请要求比较严格，审核不是很容易通过，具体的条件包括内容比较垂直、综合质量高，账号在 60 天内没有违禁惩罚记录，基础数据、核心数据达到标准，比如发布文章的数据、原创内容的数据等。

综合数据是随着内容质量的提升而不断上涨的，只有内容优质，才有可能通过审核。图 1–16 所示为点金计划申请的具体标准。

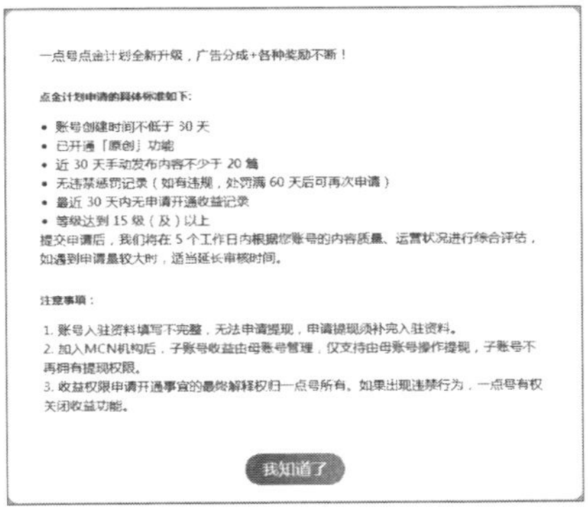

◆ 图 1–16　点金计划申请的具体标准

010 网易号：账号星级越高收益越高

网易号是由网易订阅发展演变而来的，它是自媒体内容的发布平台，同时也是打造品牌的帮手。它的特色在于高效分发、极力保护原创、现金补贴等。网易号的主要收益来自平台分成，不过网易媒体开放平台的分成方法与其他平台有所区别，主要是以星级制度为准，具体方法如图 1–17 所示。

关于平台分成，网易号只要达到 1 星级及以上就能获取。在开通收益功能后，运营者应该提升账号流量和文章质量，以便获得更高收益。特别是衡量账号贡献值的三大指标——PV、分享和跟帖——是判断收益高低的依据。

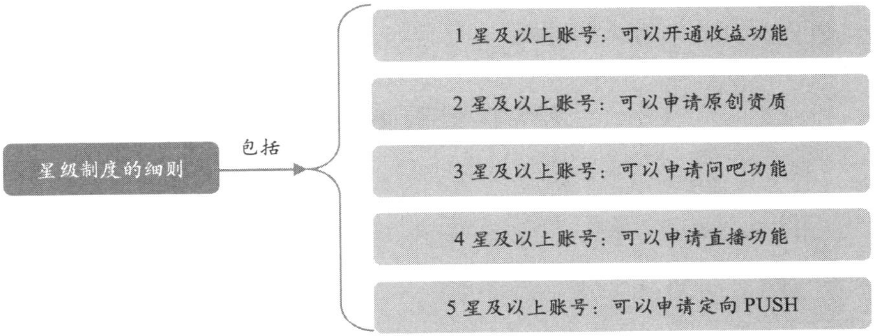

◆ 图 1–17　星级制度的细则

专家提醒

网易号的功能齐全，具体来说主要可分为四大板块，即“原创”“问吧”“直播”以及“PUSH”，其中“问吧”是指一个互动功能，即自媒体入驻网易号平台后，可以直接与用户进行交流沟通，而且问吧产生的内容也会推送到头条区域，以供用户观看阅读。

011 腾讯视频：获得分成的三大条件

腾讯视频是中国领先的在线视频平台，为广大用户提供了较为丰富的内容和良好的使用体验，其内容包罗万象，如热门影视、体育赛事、新闻时事、综艺娱乐等。那么，腾讯视频的主要收益来源是什么呢？答案是平台分成。但需要注意的是，如果想要获取平台分成，则需要满足如图 1-18 所示的几项条件。

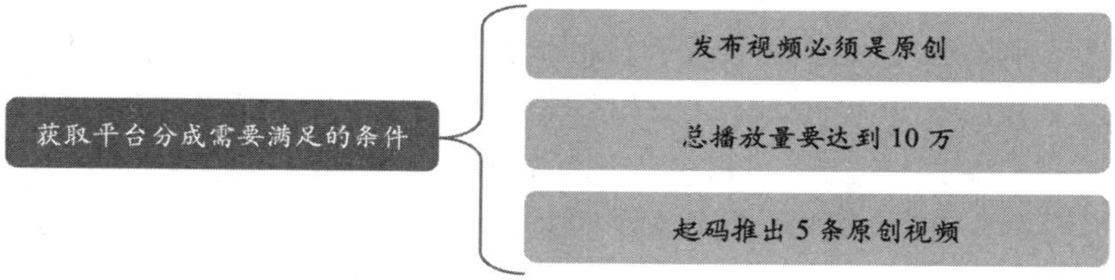

◆ 图 1-18　获取平台分成需要满足的条件

那么，达到了上述条件，在腾讯视频中如何上传视频呢？图 1-19 所示为腾讯视频上传视频的位置截图画面。

专家提醒

腾讯视频平台分成收益不是所有的内容方向都能获取——需要符合具体的内容领域，如泛娱乐类视频就能轻松获取平台分成，生活类短视频是无法获取平台分成的。

◆ 图 1-19　腾讯视频上传视频的位置截图画面

012 搜狐视频：从多种渠道获得收益

搜狐视频是一个播放量较高的在线视频分享平台，提供了高清电影、电视剧、综艺节目、纪录片等内容，同时还提供了视频的储存空间和视频分享的贴心服务，可以称得上是比较人性化的在线视频平台。

搜狐视频的主要收益也是来源于几大渠道，主要分为平台分成、边看边买、赞助打赏以及分享盈利。那么，这些收益方式具体有什么要求和标准呢？

首先来看平台分成，很多在线视频具有这一收益模式，但搜狐视频与其他不同的地方在于它的要求十分简单，只要是原创或者是版权授予的视频都可以加入搜狐视频自媒体。

其次是边看边买。这一收益其实是平台的广告收益，具体而言可以分为两种情况，如图 1-20 所示。

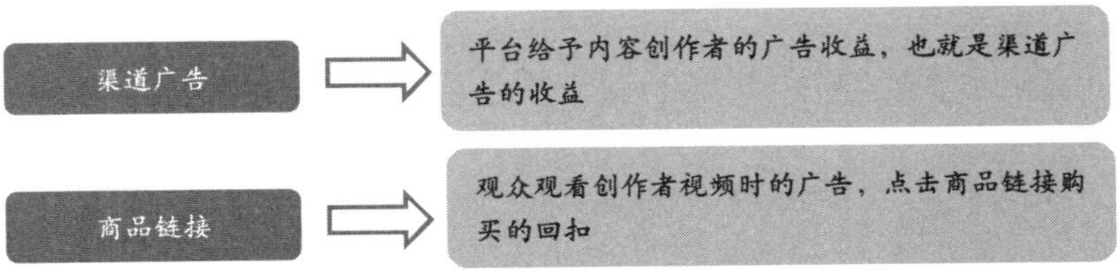

◆ 图 1-20　边看边买的收益方式

再次是赞助打赏。这也是搜狐视频平台自媒体的主要收益来源，同时也是自媒体与用户进行互动的常用方式。一般而言，只要是参与平台分成的视频都可以得到用户的赞助打赏。

图 1-21 所示为“美啦”自媒体发布的视频结尾出现的打赏提示，用户如果对视频内容感兴趣，或者认为这个视频有利于学到知识，那么就可以通过扫二维码的方式对视频进行打赏。

◆ 图 1-21　搜狐视频自媒体的打赏提示

最后是分享盈利。一般在线视频平台会提供分享功能，搜狐视频也不例外。通过分享视频到站外的其他渠道，比如 QQ、微信、微博等社交媒体，吸引用户来到搜狐视频站内观看影片，从而提升站内的播放量。

那么，具体是怎样计算收益的呢？每获得 1000 人次的观看量，就可以得到另算的 50 元提成。这里的分享盈利需要满足的条件很简单，只要是搜狐视频平台内参与分成的视频，都可以通过分享的方式赚取收益。

013　YouTube：个人申请成为合作伙伴

YouTube 是世界上最大的视频网站，2006 年 11 月，谷歌收购了 YouTube，并将其作为谷歌旗下的一个子公司来经营，长期以来媒体行业主要的收入来源都依赖于交易、订阅和广告这三种，而 YouTube 主要依赖的就是“内容订阅”这种模式。

近年来各个平台都推出了爆款内容，导致用户愿意用充会员的形式去观看优质内容，那么，如何才能为用户提供优质内容呢？ YouTube 很早就意识到只有培养出大量的原创作者，才是获得优质内容的关键。

于是在 2007 年，YouTube 平台推出了“合作伙伴计划”，帮原创作者增加浏览量和人气，为了让原创者更加卖力地创作，YouTube 将平台 55% 的广告收入给了视频内容的创作者，在有了资金的支持后，原创者愿意花更多的心思在质量上，这样也为平台吸引了更多的订阅，原创者也获得收益，所以对于 YouTube 这个平台和原创者都是双赢的。

那么，上传视频需要注意的方面有哪几个呢？其中比较重要的一个方面在于，图 1-22 所示的这 3 种作品不会给你带来任何收入。视频上传之后就是申请成为 YouTube 的合作伙伴了，成功之后就需要创建一个谷歌广告联盟账户。注意，只有等金额达到 100 美元，才可以在平台上体现。

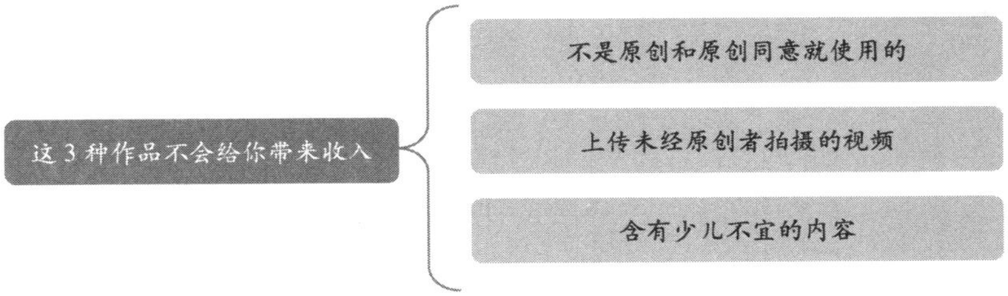

◆ 图 1-22　这 3 种作品不会给你带来收入

专家提醒

在 YouTube 上传视频需要注意的是，标题字数最好不要太多，最好包含关键字信息，在更详细的部分描述里面可以加入网页链接，以方便观众可以更好地访问，设置的标签必须是你视频中的内容，字幕最好做到覆盖更广泛的人群。

014 大鱼号：一点接入加上多点分发

大鱼号是原创内容制作者提供通行阿里文娱平台的账号，大鱼号平台为原创者提供了“一点接入，多点分发，多重收益”的整合服务。

那么什么是一点接入、多点分发和多重收益呢？原创作者只需要一点接入“大鱼号”，就可以畅享阿里文娱生态的多点分发渠道，获得多产品多平台的流量支持，即只要在大鱼号上面发一次，内容就会推送到多个平台，包括 UC、土豆、优酷等，接入“大鱼号”可以为原创者提供更多的优质流量和收益。

在大鱼号上面，成功率较高的都是专注于做垂直领域的，只有成功引流了才可以获得理想的收益，所以想要在大鱼号上面获得收益需要注意几点，如图 1-23 所示。

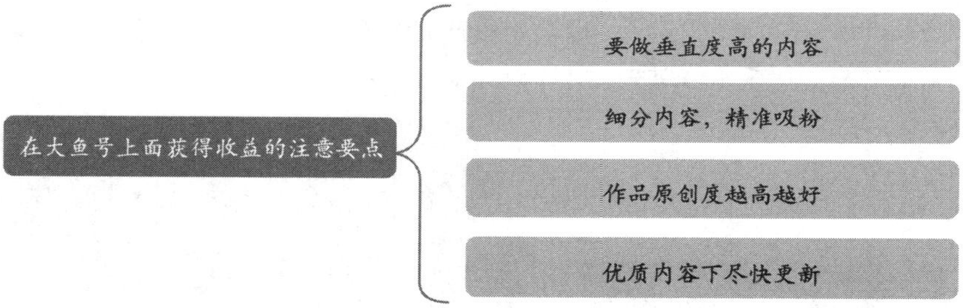

◆ 图 1-23　在大鱼号上面获得收益的注意要点

专家提醒

在大鱼号中专注一个领域后不要轻易去修改，因为一个账号发布同一领域的文章太多不仅很难修改成功，而且还会让你的账号降权。

015 企鹅号：三大要素广告赞赏原创

企鹅媒体平台提供的功能包括打开全网的流量，提供内容生产和变现平台，打通用户之间的连接。企鹅媒体平台的收益主要来自平台分成，比如腾讯新闻、天天快报等产生的有效流量补贴，如图 1-24 所示。

总收益　平台补贴　内容分成　　2018-11-05 至 2018-11-11　查找

时间	总收益（元）	平台补贴（元）	内容分成（元）
2018-11-11	0	0	0
2018-11-10	0	0	0
2018-11-09	0	0	0
2018-11-08	0	0	0
2018-11-07	0	0	0
2018-11-06	0	0	0
2018-11-05	0	0	0

◆ 图 1-24　企鹅媒体平台的收益页面

那么，是不是只要开通了企鹅号就能够获取收益呢？实际上，如果想要获得企鹅媒体平台的收益，还需要满足一些条件，这些条件不仅是申请平台流量分成的前提，同时也是账号内容优质的保障，具体要满足哪些要求呢？笔者将其总结为如图 1-25 所示的内容。

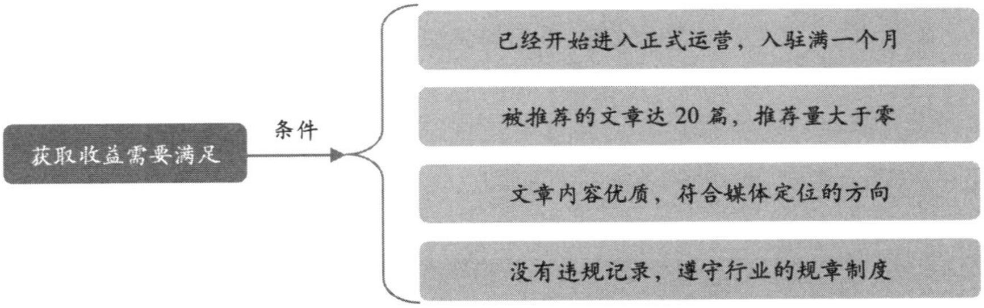

◆ 图 1-25　获取企鹅媒体平台收益需要满足的条件

016　哔哩哔哩：垂直内容和直播打赏

哔哩哔哩又称“B 站”，是年轻人喜欢聚集的潮流文化娱乐社区，同时也是网络热词的发源地之一。目前哔哩哔哩的每日视频播放量已经突破一亿人次，用户以年轻人为主。由此可见，哔哩哔哩是一个比较年轻态、活跃化的在线视频平台。

对哔哩哔哩而言，其主要收益来自粉丝打赏，因为它本身的内容很垂直，吸引的粉丝大部分也是具有相似的兴趣爱好的。

哔哩哔哩不仅是一个在线视频平台，而且也是聚集粉丝的社区。因此，粉丝资源对于平台的作用是至关重要的，对创作者而言也是内容变现的重要支撑。图 1–26 所示为哔哩哔哩视频的打赏页面，通常采用投币的方式进行赞助打赏。

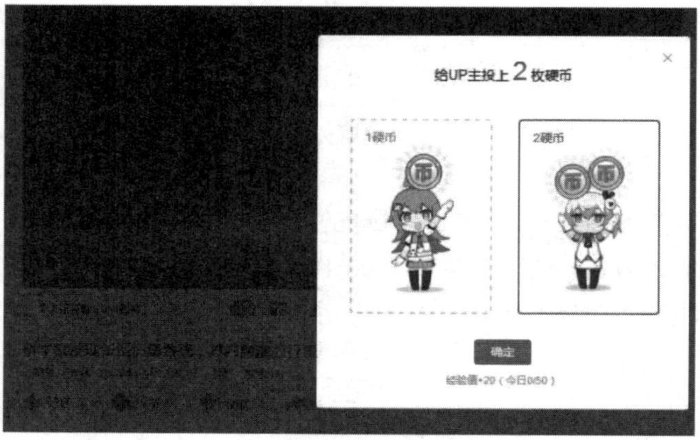

◆ **图 1–26　哔哩哔哩视频的打赏页面**

哔哩哔哩的收益方式不仅只有视频投币打赏，还有直播的时候粉丝打赏，图 1–27 所示为哔哩哔哩的直播打赏画面。

◆ **图 1–27　哔哩哔哩的直播打赏页面**

017 陌陌：非直播付费收入增长

陌陌是一个中国的开放式社交平台，用户在软件中可以通过视频、文字、语音和图片来展示自己，打开定位发现附近的人，建立真实、有效、健康的社交关系。

社交型的产品、工具型的产品和内容型的产品都各有不同，想要一款社交型的产品商业化，离不开四个方面，即用户的规模、用户使用的时长、用户的属性还有用户的使用场景。

从 2013 年下半年开始，陌陌进行商业化尝试，并且商业化模式也开始逐渐清晰，并且有了一定的成效，非直播付费收入增多，其中用户会员费在陌陌的盈利中占主要部分，会员的大幅度增长给陌陌带来了更大的商业化空间，除了会员费，在游戏和其他服务方面也有一定的收益。2016 年年初，陌陌转型拥有了直播、移动营销、会员和游戏等营收来源，如图 1–28 所示为陌陌平台的会员充值界面。

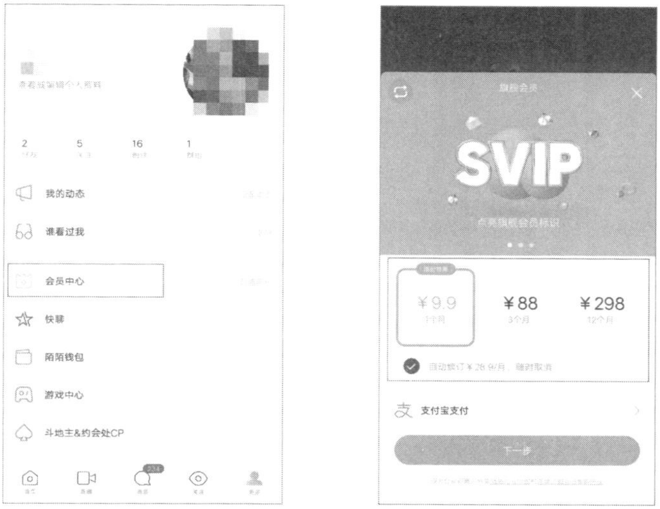

◆ 图 1–28　陌陌平台的会员充值界面

图 1–29 所示为陌陌平台的八大特色功能，通过这些功能可以实现更加便捷地与人实时进行互动，降低了社交门槛。

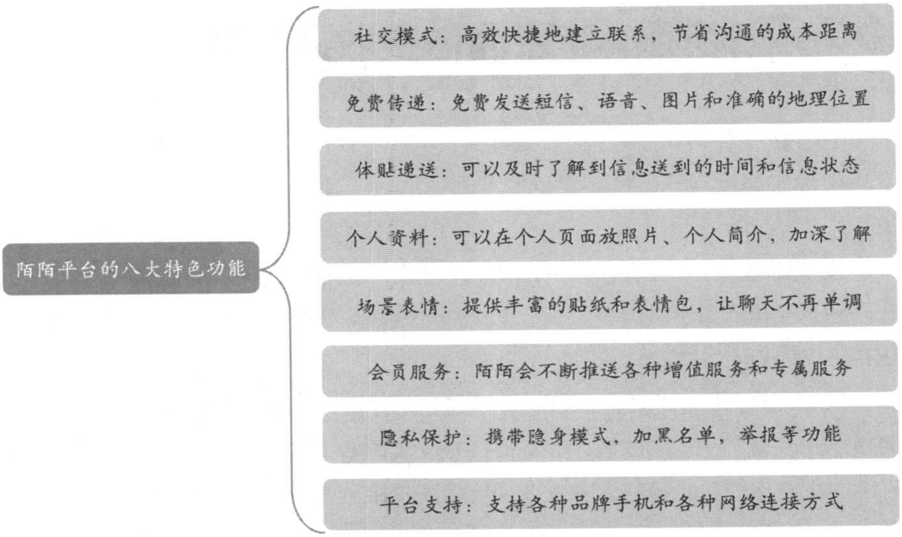

◆ 图 1-29　陌陌平台的八大特色功能

第2章

网红经济：知名 IP 变现

网红即网络红人，就是在各大社交媒体上聚集了一定人气的名人。网红经济就是依靠庞大的粉丝群体进行营销，从而达到将粉丝变成购买力的一个过程。

那么，网红在各大平台上面的 IP 该怎么变现呢？本章就从这方面来进行解读，以便读者更加了解 IP 变现的方法和过程。

- ✧ papi 酱：视频广告营销
- ✧ 日食记：建立内容生态
- ✧ 僵小鱼：打造内容型 IP
- ✧ 蓝小爸：遵循极优规律
- ✧ 老爸评测：公益和电商
- ✧ 七舅脑爷：直播和带货
- ✧ 陈翔六点半：爆笑视频
- ✧ 三感 video：情感视频
- ✧ 旅行者镜头：链接全球
- ✧ 古阿新：抖音平台带货

018 papi 酱：视频广告营销

papi 酱，一位靠短视频快速蹿红的网络达人，2016 年获得“第一网红”的称号，那么，papi 酱是如何走红的呢？

最重要的是 papi 酱抓住了时机，加上在内容中融入了影视方面的专业知识，视频标题也是十分醒目，更加吸引网民的目光和好奇心，在选题上也是非常出挑的，从生活娱乐到两性关系都有涉及，还有很接地气的说话方式，在短短几分钟的短视频中就有很多年轻人知道的网络流行词和槽点，重要的一点是跟紧了时代的潮流，满足了年轻人对娱乐的需求等，这些都是她在众多原创者中迅速走红的原因。

图 2-1 所示为 papi 酱在抖音平台的个人主页截图，抖音给她的认证是原创搞笑视频自媒体，可见她的视频垂直度是以搞笑为主的短视频，很符合现在年轻人的需求。

◆ 图 2-1 papi 酱在抖音平台的个人主页截图

papi 酱众多短视频形象比较生动，动作比较浮夸，这可能就是所谓的草根气质，papi 酱在她的作品中饰演妈妈、女朋友、生活中的“我”、甚至还有预报员，这些都是我们生活中身边人和自己的写照，这种作品做到了让观众产生共鸣，这就是她的短视频可以火的原因。

刚开始，papi 酱的商业价值仅仅局限于“流量变现”，大火了之后就开始接广告。但我们也必须知道短视频变得商业化中间的过程并非一朝一夕，刚开始的贴片广告，也就是俗称的“硬广告”，这种类型的广告方式呈现的是在短视频的末尾彩蛋，形式最为接近视频网站的贴片资源。

在外在形式上，因为这种广告如果强加在正片前播放会严重影响观众的体验，于是 papi 酱把贴片广告加在了末尾，但是这样做有一个缺点，那就是会弱化品牌的存在，而且跟短视频的内容也很难融合。

papi 酱也发现了贴片广告在这个多变的视频时代很难生存下去，而后在贴片广告的基础上加入了植入广告，在同等预算下可以释放出更大的商业价值。

在这个“互联网”盛行的时代，papi 酱这个知名 IP 实现了个人和营销共赢的生存方式。

019　日食记：建立内容生态

“日食记”是一部以美食为感情沟通主线的系列迷你美食剧，剧长仅 5 分钟，在微博、微信、哔哩哔哩、秒拍和腾讯等各大平台播放。

“日食记”记录了一只猫和一群人平凡而温暖的生活，它不是传统的美食教学类节目，视频里面有丰富的生活场景和人物故事，通过美食用温暖治愈人们的心和胃。

“日食记”视频的，标题起得很有吸引力，让人有想要点进去看的冲动，还有这个视频的后期也很可爱，比如视频上的“emm.. 肥猫上树”，让视频中的小猫瞬间变可爱了，这一点也很影响观众的观感。

一人一猫非常温馨，视频中的“大哥，吃肉”生动形象，也给猫赋予了讲话的能力，这也是吸引观众的一点，有了这些吸引观众的点就会有流量。

不仅如此，“日食记”在抖音平台也注册了一个 IP，如图 2-2 所示，还上传了剧集中没有的内容，让更多用户看到了“日食记”这个团队的正式生活写照，不再是以剧集的形式呈现在公众面前，这种做法不仅可以在“抖音”通过日常生活的内容引流，还拉近了粉丝和红人的距离，增加了亲密感。

2018 年 11 月初，“日食记”的线下门店开业了，地址在上海南京东路的世茂广场，“日食记”经过 5 年多的发展，经历了优质内容到电商的过程，现在往线下发展是很自然的事情，门店作为通往用户沟通的桥梁，可以更多展现用户和“日食记”向往的生活。

◆ 图 2-2 “日食记”抖音个人主页界面

通过“日食记”这个品牌 IP 的孵化过程可以得出其电商化的 3 个特点，如图 2-3 所示。“日食记”从线上转至线下还有一个显著优势，那就是强大的品牌 IP 效应。

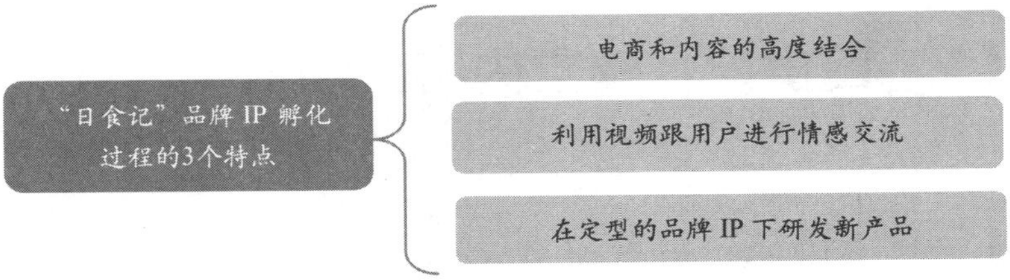

◆ 图 2-3 “日食记”品牌 IP 孵化过程的 3 个特点

020 僵小鱼：打造内容型 IP

“僵小鱼”是厦门风鱼动漫有限公司出品的中国风小僵尸，它是一个不大的团队，但是通过持续更新短视频，现在成了让年轻人深受喜爱的动漫 IP。

“叫我僵小鱼”这个动漫讲述的是僵小鱼被鱼爹徐久峰收养后，两人之间的日常生活。该动漫主要以情感治愈的方式跟观众交流，带给了观众很多丰富和惊喜的感受，一经推出便受到了广大网友的喜爱，短短一个月单单平台的粉丝累积超过了 200 万人，破了平台单日增加粉丝的记录。如图 2-4 所示，“僵小鱼”单单在抖音平台上的粉丝就有 1228.8 万人，获赞数达到了 1905.8 万人次，还没有算上其他平台的。

◆ 图 2-4　“僵小鱼”抖音平台个人主页界面

“僵小鱼”还在抖音平台上面上传了许多作品，都是小鱼和“鱼爹”的日常生活内容，还有些是在剧集中看不到的新内容。

在“僵小鱼”大火了之后，也推出了“僵小鱼”系列的抱枕、手机壳和手办等相关产品，在抖音平台还有“僵小鱼”同款道具，而这些道具的使用次数最高达到了十几万。

“僵小鱼”在作品出来前就把目标用户人群分为了三大类，第一类是 80 后的情怀用户，第二类是 90 后的个性用户，第三类便是 00 后的萌系用户。通过调查发现，现在的年轻人非常喜爱短视频，和巨大的需求比起来，内容实在太稀缺。

为了让视频内容更加具有真实性和创意性，风鱼动漫每天一会，各自分享自己的故事，因为只有真实发生的才是最打动人的。风鱼动漫已经有 7 名成员，而刚好这 7 名成员都是 80 后和 90 后，跟“僵小鱼”的用户群体非常契合，这就是“僵小鱼”短视频内容的故事来源。

风鱼动漫成立于 2016 年，是最早一批看中了短视频兴起时机的动漫 IP。风鱼动漫给自己的定义不是传统的动画公司，而是将自己定位成做动画的新媒体公司，不论是在 IP 的孵化还是制作上都有自己的一套生意经。图 2-5 所示为内容型 IP 孵化的四个方法。

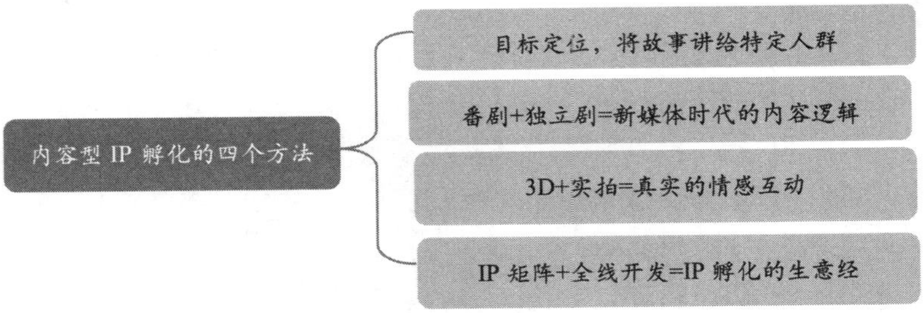

◆ 图 2–5 内容型 IP 孵化的四个方法

021 蓝小爸：遵循极优规律

“蓝小爸”开了一个网店，名字叫“蓝小爸的童装定制店”，如图 2–16 所示为“蓝小爸”淘宝店的首页面和宝贝页面，里面卖的都是关于儿童的产品，主要以服装为主，其他为辅，那么它是怎么引流并且火起来的呢？

◆ 图 2–6 “蓝小爸”淘宝店铺截图画面

“蓝小爸”只是遵循了极优规律，即找了个可爱的模特，加上了应景的背景音乐，还有众多漂亮的款式服装并做出了一个个精美的短视频。图 2-7 所示为“蓝小爸”抖音的个人主页界面。

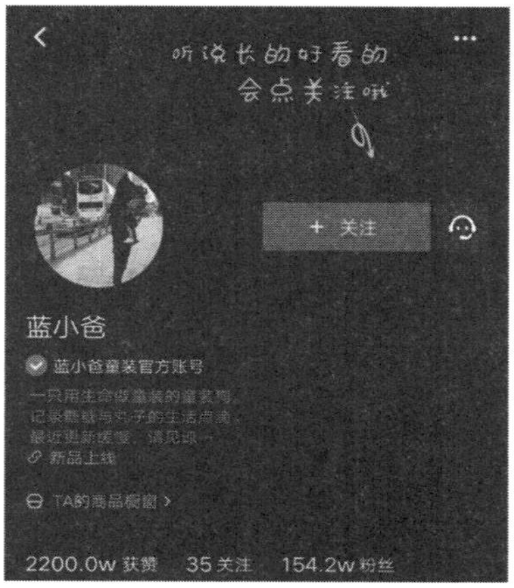

◆ 图 2-7　“蓝小爸”抖音的个人主页界面

“蓝小爸”在抖音上发布的作品垂直度很高，专注儿童服装，种类、款式也非常多，加上超萌的小模特和令人愉悦的背景音乐，想不火都难。

抖音平台还推出了橱窗购物车功能，观众只要看到“蓝小爸”的视频内容，左下角就会出现一个直达淘宝和抖音平台购物车的链接，感兴趣的人就可以直接点击链接购买。

抖音平台新推出的这一功能，不仅帮“蓝小爸”这个 IP 增加了许多流量，还给淘宝店带去了很多的销售额，并将“蓝小爸”这个 IP 打响了，让其可以更好地利用抖音这个平台来收益。

022　老爸评测：公益和电商

“老爸评测”的创始人是魏文峰，他在 2015 年以前是杭州一家公司的总经理兼创始人，2015 年后他创办了社会企业“老爸评测 DADDYLAB”。图 2-8 所示为“老爸评测”的微信公众号截图。

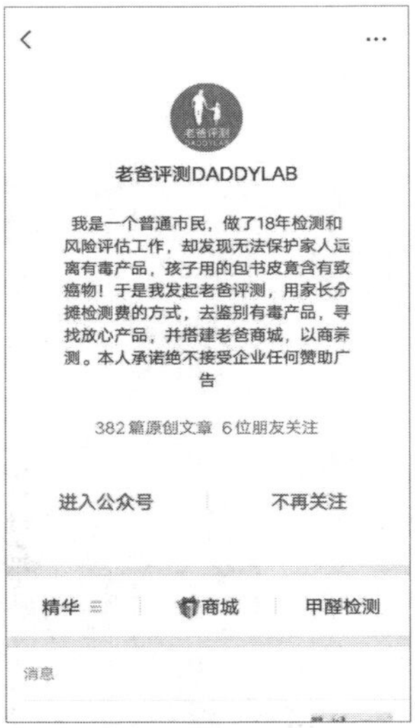

◆ 图 2-8 “老爸评测”微信公众号截图

“老爸评测”的公众号里面不仅有文章，还有魏文峰已经通过检测的、可使用的安全产品，如图 2-9 所示。

◆ 图 2-9 “老爸评测”微信商城截图界面

那么是什么原因让他辞去了自己一手创办的检测企业总经理的职务呢？原因是他发现了学生所用的塑料包书皮里面含有大量化学用以及致癌物质，几乎所有的书皮都是三无产品。

为了让学生免受其害，为了让社会重视，魏文峰决定将自己检测过程拍成纪录片，并把这部纪录片编写成文章放在自己的微信公众号上，结果比他预料的好，就在当日，这篇文章的浏览量突破了 10 万人次，在之后的几天里，有许多记者纷纷扛着摄像机排着队等着采访魏文峰。从此，他的公益之路就此展开。

魏文峰是国际化学品法规专家，十年出入境检验检疫局实验室检测工作经验，他在抖音上也注册了一个抖音号，用来发布一些检测过程的视频，如图 2-10 所示为“老爸评测”抖音的个人主页界面。

◆ 图 2-10　“老爸评测”抖音的个人主页界面

魏文峰以科学的方法检测一些网红护肤品和食品，最终选出一些安全无害的产品，放在抖音的橱柜里面，可供大家参考。同时还可通过抖音的橱柜链接直接进入“老爸评测”的淘宝店。

“老爸评测”选择的话题都是比较犀利的，但同时也具有实用性。他把时下流行的和经常购买的产品，用直观浅显的方式告诉用户这个产品的安全性。另外，“老爸评测”给每个短视频起的标题都营造了一种悬念感，让用户产生了猎奇心理，用户自然而然就愿意主动点击观看，再加上主持人强有力的镜头表演力和生动幽默的语言都是短视频的一大亮点。

在以后，魏文峰的计划都是跟公益挂钩的，他想将公益和商业结合起来，这就是在未来魏文峰对“老爸评测”的标准，“老爸评测”不仅打破了传统产品的安全评测的大格局，也打造了未来“老爸评测”的新趋势。这样大家以后只要看到商品印着“老爸评测”的字样就可以放心购买了。

023 七舅脑爷：直播和带货

“七舅脑爷”是洋葱旗下的 IP，他是在抖音里面拍摄短视频火起来的，在里面每个短视频都非常吸引用户。如图 2-11 所示，仅在抖音的获赞数便达到两亿多人次，粉丝数超过两千万人。

◆ 图 2-11 “七舅脑爷”抖音个人主页界面

“七舅脑爷”在抖音平台的粉丝数达到了 2962.4 万人，获赞数 2.3 亿人次，这相对于抖音平台的其他网红来说已经是排在前几名了。“七舅脑爷”之前发布的短视频大多是悬疑类型，现在除了悬疑烧脑剧情，还有两性话题等，都是时下年轻人喜欢的。

不仅如此，“七舅脑爷”在抖音上发出的短视频内容与平台高度契合，抖音是一款音乐类的娱乐软件，脑爷利用优质剧情和应景的背景音乐给用户带来了一个个优秀的作品，所以才使得用户点击率和关注度这么高。

那么“七舅脑爷”在抖音火起来之后是怎么让这个 IP 获得收益的呢？这不仅

靠每天用户的点赞、评论和转发，在 2018 年 12 月 12 日，就是每年都要过的电商节，“双十二”那天，抖音平台开通了橱窗购物车的功能，就在当天，“七舅脑爷”在直播间举行了一个个人电商活动。

“七舅脑爷”为了回馈粉丝和庆祝全网粉丝破 6000 万人，他利用抽奖的方式将价值 100 万元的奖品全部赠送给粉丝，还帮 40 位粉丝清空他们的购物车，金额上不封顶。结束后的直播销售额高达 1000 万元，让“七舅脑爷”和各大合作商家都狠狠赚了一笔，“七舅脑爷”也成了名副其实的带货达人。

“七舅脑爷”的此番直播并不是偶然，因短视频在 2018 年下半年发展得越来越好，各个平台都加快了变现的脚步，想要建造广告和电商的商业变现体系。综观这几年平台的发展，电商依然是各平台红人的重要盈利模式。

024 陈翔六点半：爆笑视频

“陈翔六点半”作为一档以搞笑为主的短视频，现已成了一个知名 IP。“陈翔六点半”系列的短视频，很多人应该在日常生活中看到过，它也成了原创搞笑短视频的自媒体中的一匹黑马。视频中的演员的演技都是一流的，他们也成了“陈翔六点半”的重要标志。

“陈翔六点半”在短视频的制作方面也是非常用心的，所以它的大火也并非偶然，那么，这档节目火了之后靠什么盈利呢？如图 2–12 所示，“陈翔六点半”的主要盈利方式分为以下 4 点。

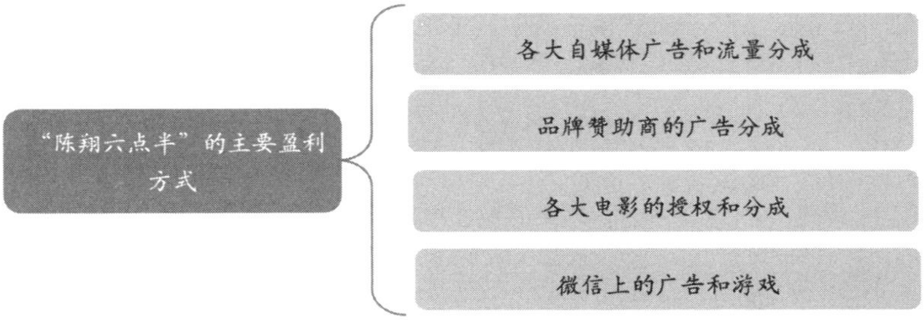

◆ 图 2–12　“陈翔六点半”的主要盈利方式

图 2–13 所示为“陈翔六点半”抖音的个人主页截图画面，现如今的粉丝数

量达到了 3000 多万人，获赞数也达到了两亿多人次，这些数字都仅代表着抖音上面的流量，还有其他各大平台的。

◆ 图 2–13 “陈翔六点半”抖音的个人主页截图画面

比如今日头条上累计粉丝就有 4000 多万人，如图 2–14 所示，快手上粉丝也有 1000 多万人，如图 2–15 所示。这些平台都是现如今比较火的社交平台和娱乐短视频平台，“陈翔六点半”的单个视频播放量轻轻松松上万、十万人次，有的甚至上百万人次。

基于“陈翔六点半”现已累积的用户基础，再加上其他平台的流量分成，还有这档节目接的广告分成，这也是一笔非常可观的收入了。

◆ 图 2–14 “陈翔六点半”今日头条的个人主页

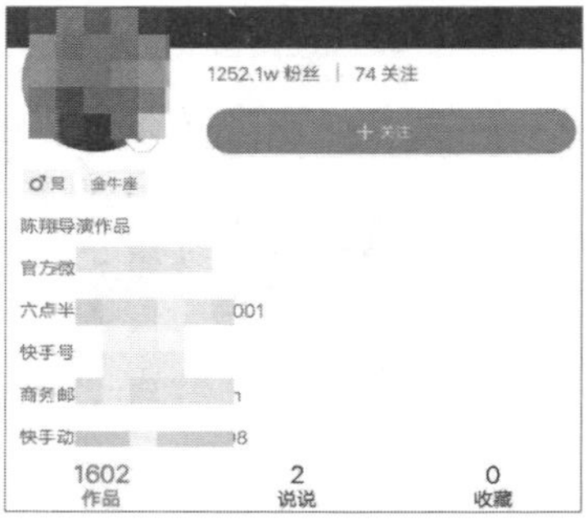

◆ 图 2–15 “陈翔六点半”快手的个人主页

“陈翔六点半”属于那种有灵活的场景和固定时长的轻喜剧短视频，也没有固定的演员和特别鲜明的网络特点，时长大概 1—5 分钟，这个短视频的主要目的，就是让现在每天都在忙绿工作的人们在闲暇时间里可以获得轻松、快乐，人物性格的表现形式是以一种自嘲的形式呈现给大众的。

“陈翔六点半”在植入广告方面也是非常随性的，只是偶尔插入广告，并不会让观众觉得很刻意，这也是让观众不会产生抗拒感的一点，观众也会比较容易买账，再加上这档节目本身也是一档搞笑类的短视频，所以，圈粉是自然而然的事。

025 三感 video：情感视频

“三感 video”是一档以情感作为切入点的音乐节目，成立于 2016 年 12 月，这时，各大红人已经占领了各个平台，那么，想要在这种形式下杀出一条血路，该怎么做呢？

“三感 video”利用自己擅长的方面，以情感音乐为切入点，仅仅用了不到半年的时间，就在这个花团锦簇的网络时代打下了属于自己的一片天地。其旗下的品牌可分为三感故事和北斗营业。

根据数据统计，2017 年，三感音乐故事在近期的生活资讯类短视频中全网排名第一。如图 2-16 所示，在抖音平台的粉丝数量两百多万人，点赞数量 900 多万人次。在今日头条粉丝数达到了 200 多万人，如图 2-17 所示。

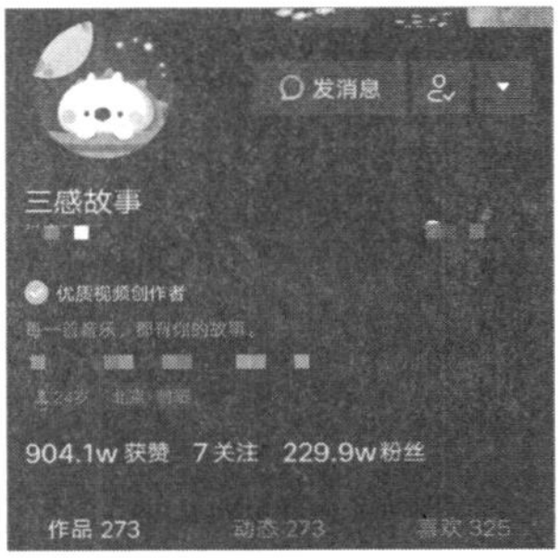

◆ 图 2-16　“三感 video”抖音的个人主页

◆ 图 2-17　“三感 video”今日头条的个人主页

从短视频的兴起一直到现在，这个行业相对已经非常成熟，盈利也非常可观，拍短视频的红人也是吃尽了流量红利，做这个行业的都知道尽可能地将短视频的内容垂直化，因为只有这样才可以获得更多的市场空间。

“三感 video”在已经非常成熟的模式下，考虑的是如何在短视频还在红利期更多地获取用户价值，并且实现品类形式的差异化。基于这些考虑，“三感 video”选择了团队最擅长的情感音乐作为切入点，目标人群是 90 后和 00 后，试图让人们从一首歌中听出一个故事。

内容则是关乎这类人群的情感状态进行的，在一个故事中加入了让人听了能有感触的歌曲，不免让那些有同等际遇的人们感同身受，让人们可以和这档节目产生情感交流。

“三感 video”做到如今的规模有如下 3 点经验：第一点是走情感路线，打造故事型的IP；第二点是做到保质保量的流水线更新；第三点就是跟各大书城合作，寻找新的内容模式。

026 旅行者镜头：链接全球

“旅行者镜头”的创始人是陈超，这是一款以旅行为主的短视频社交媒体，是一个仅 15 秒的短视频软件，这款社交媒体垂直度非常高，致力于打造以短视频的形式链接全球的短视频 APP。

2016 年 4 月 27 日，“旅行者镜头”获得了正坤集团的千万级天使轮投资。短视频里面的内容可以细分为很多种类，而短视频 + 旅行很有可能就是垂直细分领域巨大市场中的下一个风口。近几年来，有更多的中国旅行者走出国门，对更多的新鲜事物感到好奇，他们更愿意用视频去记录自己的足迹，分享他们的际遇。

据统计，“旅行者镜头”在旅游类短视频中排名第一，“旅行者镜头”的标语是“旅行发现未知，镜头标记世界”。陈超希望可以把这种审美理念传递给更多的人，希望这款软件可以记录每个旅行者的美好回忆。

同时平台通过用户的体验反馈，还有移动大数据的分析，软件中拥有 15 款通过旅行目的地命名的独一无二的滤镜，还有 40 段不同风格的独家音乐，为用户的镜头附上了视听的标签。

同时这个软件还有一大特点，就是拍摄时的“无网缓存”，这个功能打破了原有网络与时空的因素和拍摄视频时的局限性，无论处在什么样的环境都不会因为网络推迟视频拍摄的进度，可以让用户更加完整地记录自己的所见所闻。如图 2–18 所示为“旅行者镜头”的拍摄画面。

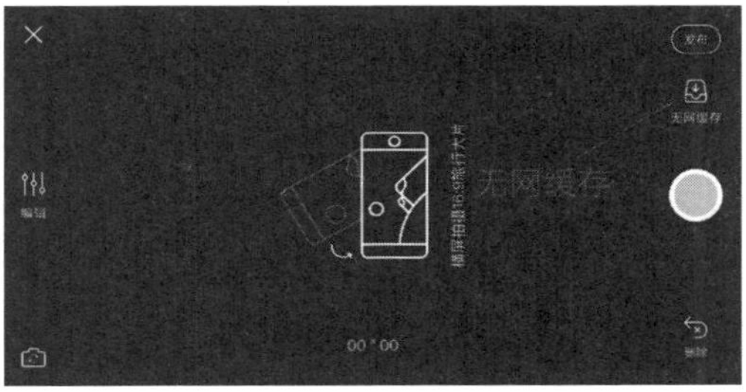

◆ 图 2–18　“旅行者镜头”的拍摄画面

027　古阿新：抖音平台带货

“古阿新”是一名国风设计师，做的是国风潮牌，在淘宝有一家店铺，取名就叫“古阿新”，如图 2–19 所示。但据他所说，淘宝订单中有 70% 的订单来源于抖音。

◆ 图 2–19　“古阿新”淘宝店铺截图

在“双十二”的时候，抖音开通了抖音购物车功能，让“古阿新”这个淘宝店铺的月交易额从 20 万元增加到 100 万元。

“古阿新”的视频内容大多是在宣传他的衣服该怎么穿和他的日常生活，在抖音他自称是最帅的国风设计师，为什么这么说呢？因为他的服装大部分是中国风。

不仅如此，在抖音平台的橱窗中的链接点击直接购买就可以直达“古阿新”的淘宝店铺，使购物更加简单便捷。“古阿新”将电商和短视频巧妙地连接在一起，他从摆地摊做到现在月入百万的交易额，是怎么做到的呢？

好的内容是链接品牌的基础，找准平台，抓住趋势。在内容创作者看来，短视频 + 电商的核心在于，可以将电商作为短视频的盈利模式之一，通过品牌 IP 的号召力，通过自己研发或者代理的产品获得更高的交易额。

视频内容界面就是通过播放的详情页面，可让观众通过链接进入电商平台进行消费，这种内容加上消费的方式不仅给创作者带来了收益，也给平台带来了不少的利润。

028 晨妍：月销千万带货王

2017 年上半年，晨妍还只是一个淘宝的平面模特，专门为各个淘宝店铺和服装厂家拍摄形象宣传图。然而，在 2018 年快要结束的时候，晨妍决定从淘宝转至抖音，自己为自己的服装拍摄宣传短视频。

◆ 图 2-20 “晨妍”抖音的个人主页

图 2-20 所示为“晨妍”抖音的个人主页，她从一个小小的模特，变成了如今拥有粉丝量 700 多万人的网红，并且利用自己强大的 IP 流量跨向了电商这个大平台。

仅仅在 8 个月内，晨妍的淘宝服装店“晨妍的小讨喜”，如图 2-21 所示，从一个销量为 0 的店铺，成为一个月销售额破千万的皇冠店。晨妍通过抖音引流变成了实物电商，这种方式在几年前是很少见的，现在却出现了越来越多的例子。而抖音这个平台，就是这些人的助力平台。

◆ 图 2-21　“晨妍的小讨喜”淘宝店铺截图

晨妍的淘宝店铺成长飞快并不是偶然，她第一次有做电商的想法是因为一个累积获赞数为 100 多万人次的爆款视频。她没想到身穿白 T 恤搭紫色运动裤的自己会火，而在后面的十天里，晨妍筹备了自己的第一条带货视频，抖音左下角的链接可直接通往淘宝的详情页面，消费者可直接下单。

而后“晨妍”通过在抖音平台的评论互动，逐渐发现了抖音用户的需求很是旺盛，于是晨妍走上了电商的道路。作为第一批从抖音中成长起来的电商红人，她不仅看准了抖音的流量趋势，也踩准了电商的未来趋势，利用短视频引流让目标用户根据短视频中插入的商品链接去找自己的淘宝店铺，这让晨研的宣传团队省了不少力。

现如今，晨妍的粉丝数量已经达到了 700 多万人，获赞数 5000 多万人次，所以不管是在流量上，还是在营销上，“晨研”和他的团队都收获颇多。

029 办公室小野：创意烹饪

“办公室小野”创始人原名周晓惠，作为一名短视频创作者，她因为 2017 年 2 月份发布的一个短视频而走红，这个短视频的名字叫《饮水机煮火锅》。内容跟标题一样，用饮水机去煮火锅“办公室小野”应该是头一个，这也是她会火起来的原因。

而后“办公室小野”还发出了各大平台发布的许多脑洞大开的短视频，这里以抖音平台为例，如图 2-22 所示为“办公室小野”抖音的个人主页。

◆ 图 2-22 “办公室小野”抖音的个人主页

比如，小野会用电脑主机摊煎饼果子、冲击钻老干妈盖打棉花糖、挂烫机蒸包子等做一些千奇百怪的食物，虽然这些食物看起来都很不靠谱，但观众都非常买账。

其实，小野学的专业是影视剧编导，但是因为自己非常喜欢烹饪，再加上小野的动手能力非常强，所以就冒出了这么多千奇百怪的点子。对于“办公室小野”这个 IP 的定位，小野十分明确，就是想告诉大家一种积极的生活态度，不管何时何地，都希望大家可以找到生活的乐趣。

“办公室小野”算不上一个单纯的美食类或者娱乐性节目，它更加偏向一个创意性的节目，那么为什么她可以在众多短视频中脱颖而出呢？

一方面中国确实没有出过这种类型的视频，所以在国内比较新奇。另一方面就是小野觉得现在的上班族看到她的视频会特别地有快感，因为上班族通常的生活都是比较枯燥乏味的，而她做了一件打破常规的事情，也是做了一件上班族想做但又不敢做的事情，所以能让观众产生强烈的共鸣。

第3章

内容打造：引流盈利秘诀

对运营者来说，当其手中拥有了优质的内容后又该如何进行变现和盈利呢？有哪些方式是可以借鉴和使用的呢？

本章就从以下几个方面来介绍内容变现秘诀，帮助大家通过优质内容轻松盈利。

- ✧ 平台个人投稿：稿费变现
- ✧ 明星效应：自带话题引流
- ✧ 热点话题：引发网友热议
- ✧ 品牌人设：提升用户黏性
- ✧ 创意广告：提升用户观感
- ✧ 挑战赛：可快速聚集流量
- ✧ 互动贴纸：可提升好感度
- ✧ 剧情反转：可带来惊奇感
- ✧ 咨询：可为受众答疑解惑
- ✧ 直播：粉丝刷礼物可变现

030 平台个人投稿：稿费变现

如今，互联网已经成了各大行业和领域的一种创新因素和生产力量，那么，互联网＋个人如何变现呢？下面以微信公众号这个平台为例，看看如何将内容直接变现。

微信公众号中用户主要看什么呢？大多是文章图片，那么，在文章这方面是不是就可以下功夫呢？比如可以直接向公众号投稿，让自己的文章出现在大 V 的微信公众号中，火了之后不仅可以给自己积攒名气，也可以让投稿变成一份收入。

如图 3-1 所示为某微信公众号的文章截图画面，图 3-2 所示为其文章的阅读量和读者的评论截图画面。

◆ 图 3-1　某微信公众号的文章截图画面

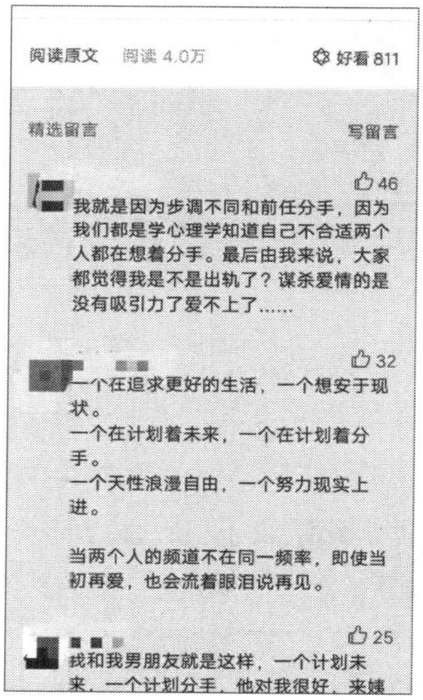

◆ 图 3-2　其文章的阅读量和读者的评论截图画面

那么在写文章前需要注意什么呢？公众号的文章作为互联网的载体，必备的特质就是易传播性和易转发性。所以，在写文章的时候尤其要注意文章的内容、风格和主题，必须要让阅读者引发共鸣，这一点尤为重要，能触动读者才可以让其自觉转发，扩大文章影响力。如图 3-2 所示，下面的评论都是一些对其文章的读后感，所以这篇文章成功地做到了跟读者产生了情感交流。

那么，在写完文章去投稿之后万一被拒绝怎么办呢？这个时候就不要沮丧，而是要查找自己的原因，是什么原因让自己的文章被拒了呢？只有找到原因才可以提高后续的中稿率。如图 3-3 所示为投稿被拒的几个原因。

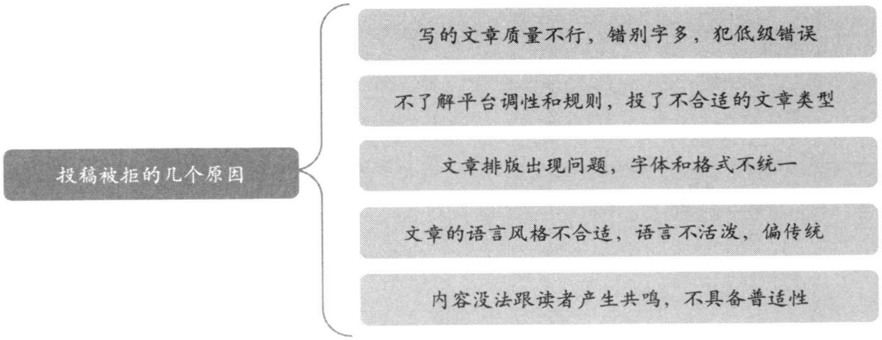

◆ 图 3-3　投稿被拒的几个原因

接着就是如何让你个人的投稿变现。这方面要注意两点，即原创 + 首发。新媒体写作，对于抄袭这方面抓得非常严，一旦定位抄袭的作品，全网会疯传，后续如果还想要接着投稿的可能性就微乎其微了。首发这一点主要就是你投稿的平台是你第一次发布，不然投稿就没法赚钱了。

做到上述两点，中稿率会大大提升，长期稳定给某公众号供稿，争取成为签约作者，拿更高的稿费，在成为签约作者后，不仅有一份稳定的收入，后续过稿也会有优先权。

031　明星效应：自带话题引流

明星效应通俗来讲是利用某个明星的个人形象来塑造品牌产品的形象，比如让明显来代言某个产品，成为产品的形象代言人，从而获得人们的喜爱并让企业获得良好的企业形象。

那么，如何利用明星效应来引流变现呢？在网络营销中有一个借势营销，其中有一个是借助明星的粉丝和粉丝对明星的喜爱来达到引流和营销的效果，这种利用明星 IP 的营销方式已经在众多企业和产品上面验证了效果非常不错。那么，怎样才可以形成明星效应呢？这就要从粉丝这个庞大的群体来讲。

例如，你找的明星的粉丝群体是否和你产品的受众群体是一样的，也就是需要了解粉丝的消费习惯，在借助明星营销中，需要读懂粉丝文化才可以更好地利用明星效应来达到引流和变现的效果。

那么，怎样才可以读懂粉丝文化呢？答案如图 3-4 所示。

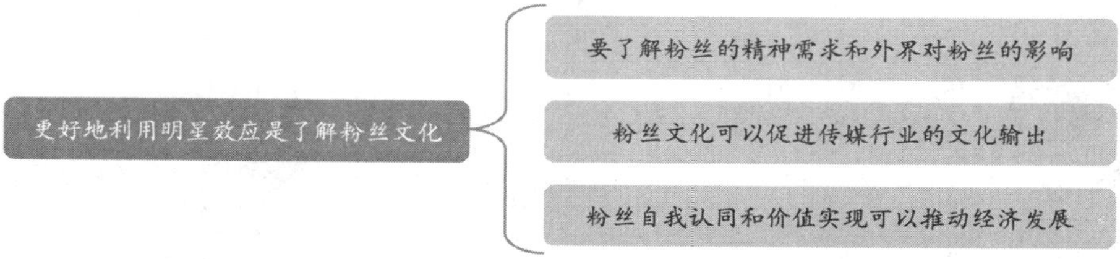

◆ 图 3-4　更好地利用明星效应是了解粉丝文化

在选择一个明星来代言上，这个明星火不火，影响大不大，都是靠这个明星的受众群体多不多来决定的。所以，明星的流量也就等于粉丝对其的喜爱值。在互联网时代，粉丝不同于以往，他们会产生利益、影响、流量和数据。

在现代社会，人们接触的媒体传播渠道非常多，如电视、电脑、手机等，除了这些，那就是会受到周边因素的影响，比如你的一位朋友对一个明星有好感，你也会在她的影响下，对该明星增加好感度和关注度，这也是影响明星效应的一种方式。

以爱奇艺平台的泡泡圈为例就可以看出粉丝对明星的影响力大不大，粉丝在爱奇艺平台对自己喜欢的爱豆愿意花大量时间帮其宣传，这也就是俗称的“粉推经济”。

因为粉丝群体的各种需求，所以各种领域和行业的广告投资商和媒体都想来分一杯羹，再就是粉丝群体给企业带来的利益也是不可小看的，只要了解清楚粉丝真正的需求，正中要害，利益自然而然也就随之而来。

032 热点话题：引发网友热议

热点话题是指在一定的时间内和一定的时间和范围内，公众最为关心的某一事件或者某一问题。简单来说就是比较受广大群体关注的新闻。在现在的互联网社会，热点话题已经成为大多数人每天需要关心的事情，各个年龄阶段的网友也会在互联网上进行讨论和争议。

人们总是有一种对新鲜事物的猎奇心理和从众心理，再加上现在互联网的快速传播性，一传十十传百，一些比较有争议和新鲜的事件很快就会在网上疯传，于是就形成了热点话题。那么，如何利用热点话题来引流并达到变现的目的呢？如图 3-5 所示，共总结了 3 点。

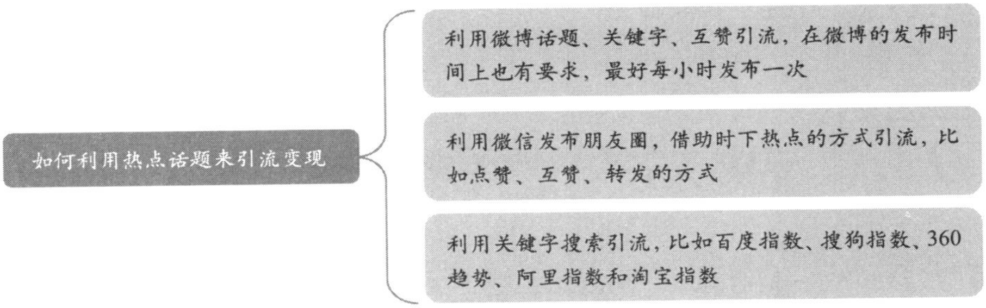

◆ 图 3-5　如何利用热点话题来引流变现

其实网络推广的套路就是打造一个热点时间，然后引发用户的关注，这种方式无非就是将图片、文字和视频这些素材结合在一起，以达到推广和引流的目的。那么，热门话题需要怎么找呢？

比如最常用的百度搜索风云榜、微博热搜和今日头条事件等，这些平台为用户提供了时下热搜的事件和话题，还有个性化的服务。如图 3-6 所示为微博热搜截图画面。

那么，这些热点事件都呈现在公众面前，我们需要做什么才可以引流呢？其实很简单，就是将这些话题里面有价值的并且可以引起公众关注的软文分解，结合你的推广诉求、品牌、平台和产品的类型，用一些手法和技巧在软文中间插入自己的广告，然后发布到各大社交平台就可以了。

◆ 图 3-6 微博热搜截图画面

033 品牌人设：提升用户黏性

品牌就是一种术语，一个企业的标志。人设即人物设定，品牌人设其实就是品牌定位，一个品牌一定要有一个好的定位，建立好的品牌气质 + 持续经营就可以让你在众多企业中脱颖而出。那么，要怎样建立一个品牌人设，提升用户的黏性呢？

首先就是需要让品牌具有鲜明的特征，一个品牌如果没有鲜明的特征，就好比一个普通人走在人堆里面，没有人想要去了解他，也没有人会注意他。有些企业的品牌人设就是创始人的人设，他们本来就是公众人物，所有的性格和作风在现代传媒的渲染下都会被显现出来，他们把自身延伸到企业再延伸到品牌，在消费者心中，其实创始人就等于品牌人设。

有的企业创始人不出名，他们就会寻求跟其品牌气质相符的明星和网红来代言此产品，现在大多是明星代言，但是在这方面，虽然明星自带流量和话题，但是在背后花的代言费也是一笔不小的费用。所以还有一部分人就会选择打造一个虚拟人设，好比“江小白”，就是以一个动漫形象出现在公众视野的。

2017 年年底，江小白发布了一个同名动画，让“江小白”变成了一个生动形象的人物，动画中“江小白”的定义就是一个初入职场的新人，而当时企业也跟“江小白”一样初入职场，这也将“江小白”的动画人物和企业的产品“江小白”联系得更加紧密。

在以前，白酒的品牌一直都是正儿八经的，因此，想要打动消费者是一件很难的事情，而“江小白”的消费群体是 80 后和 90 后这类人群，所以就塑造了一个带有人物特征的“江小白”，还用一集一集的动画增加了品牌形象。

那么，在“江小白”成立了品牌人设之后，效果如何呢？在 2014 年销售额达到了 4 个亿以上，未来也只会越来越高。从“江小白”这个案例可以看出，一个企业的品牌人设到底有多重要，打造好的品牌人设不仅可以增加用户黏度，还可以让品牌更加生动，从而达到宣传引流的目的。

034 创意广告：提升用户观感

创意广告的形式有很多种，主要是以搞笑、公益、夸张一些类型为主题，创意广告最主要的就是创意和丰富的想象力，这两点尤为重要。那么，营销中为什么会有创意广告这个点呢？因为创意 + 广告往往可以提升用户的观感，为产品带来流量，提升产品的吸引力，从而达到让消费者购买或者消费的目的。

创意广告不仅可以提升用户的观感，它还具有渗透力和流传性，可以凭借各种稀奇古怪的点子来吸引消费者的目光，并且让广告潜移默化地植入用户的脑海中，来达到营销的效果。

创意广告主要是以两种方式呈现出来的：一种是视频；另一种是图文。主要以视频为主。播放的一般是电视机、手机里面的各大 APP 上，比如爱奇艺、腾讯、优酷这类的视频软件。创意广告的设计对广告制作来说是非常重要的，优秀的创意不仅可以提高消费者的关注度，还会因此带来很好的广告收益。

如图 3-7 所示为联想笔记本的广告截图画面，广告词是——笔记本太薄了，不小心掉进下水沟。这句广告词搭配这样一幅画面让人觉得可气又可笑，但同时给公众留下了很深的印象。

◆ 图 3-7　联想笔记本的广告截图画面

035　挑战赛：可快速聚集流量

挑战性聚流，这就不得不说抖音这个平台了，这种方式是抖音自家开发的商业化产品，抖音平台运用了“模仿”这一运营逻辑，实现了品牌最大化的营销诉求。

根据抖音平台发布的数据来看，以及在抖音上参加过挑战赛的品牌来看，这种引流营销模式是非常可观的。那么，参加抖音挑战赛需要注意的规则有哪些呢？答案如图 3-8 所示，主要有 4 点。

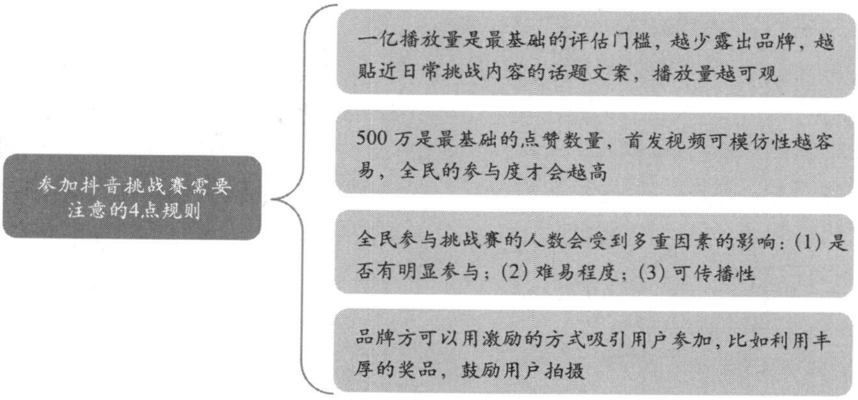

◆ 图 3-8　参加挑战赛需要注意的 4 点规则

巴黎欧莱雅在抖音的口红挑战赛。短视频可以将抖音当做一个转化的重要平台，将自己的品牌年轻化，更加向年轻群体靠拢。

抖音参加挑战赛，抖音的信息流会为品牌方提供更多的曝光，带去更多的流量，加上通过流量可以累积粉丝、沉淀粉丝和更容易被用户接受等一些附加价值。

036 互动贴纸：可提升好感度

在现在这个互联网的新时代，优质的内容和优秀的原创作者依旧是各个媒体平台和电商平台的核心，不管是以前的传统媒体人，还是现在的自媒体人，创业者都纷纷在内容这一块下足了功夫，商家也意识到了优质的内容可以给品牌的升级和转化带来多大的利润。

这里可以以抖音为例，看抖音平台以新的内容创作渠道和流量的入口，是如何在众多短视频平台中占据优势，吸引大量用户注意的。

在抖音里面，有一个话题功能是互动贴纸，这种形式的话题内容大多是搞怪，可以带给用户一种愉悦的氛围。

可以多人一起拍摄，加上各种搞怪的动作和夸张的说话方式，而且拍摄这种短视频不用什么拍摄技巧，轻轻松松就可以拍摄出优秀的搞怪视频。不仅如此，仅一个人就可以创造出一个舞台的效果，所以以贴纸的方式来进行话题互动对用户的吸引力是非常大的。

037 剧情反转：可带来惊奇感

抖音是一款短视频 APP，短视频的核心内容在于其内容，在抖音平台上有一个话题挑战的功能，里面承载着如何引导用户发出有趣和多样性内容的重任。

下面就以抖音中的一个话题挑战“剧情反转”为例，来看看抖音平台是如何利用各种话题来吸引用户并给用户带去惊喜的。

抖音之所以发展得这么快，就是因为抖音的社区化做得很到位，抖音平台对比其他的短视频软件来说，它是首个发展社区化软件，比如抖音的话题功能，每个人都可以发一个话题，当这个话题火了之后，就会有无数人来进行跟拍。

话题这个功能不仅对抖音平台的帮助很大，对用户也有很大的益处，告诉用户，普通人怎么才可以利用身边事物拍出精致大片，不仅可以教会用户很多生活中的小技巧，还利用反转的剧情给用户带来惊奇感。

那么，用户下载抖音这个软件是为了什么呢？自然是为了娱乐，而抖音的话题功能就是带着用户来愉快地玩耍的，这个功能不仅增加了用户的可玩性，还可以帮助用户迅速走红。也可以利用反转的剧情，娱乐了自己，也娱乐了大家。这也是抖音强大的地方。

038 咨询：可为受众答疑解惑

咨询是什么呢？咨询是指通过别人头脑中储备的知识和经验，为决策者充当顾问和参谋。

下面给大家举个例子，以咨询卖内容的怎么变现呢？如图 3-9 所示为抖音一位情感教育咨询师的 IP“无缺教育咨询”的个人主页。以咨询为形式帮用户答疑解惑，现粉丝量达到了 86.7 万人，获得的点赞数也有 178.1 万人次。

◆ 图 3-9　抖音“无缺教育咨询”的个人主页

她在抖音里面发布的视频大多是围绕两性的情感问题帮观众进行解答。

039 直播：粉丝刷礼物可变现

众所周知，直播是一种“门槛低，来钱快”的方式，虽然还有一些人对直播这种赚钱方式不怎么认同，但不得不承认，直播行业已经被“入侵”的事实。许多网络红人在各种直播平台甚至只要动动嘴皮子就可以轻轻松松月收入过万元，并享受着被千人万人或者几十万人关注的主角光环。

相比其他平台的图片和视频，直播的展示效果明显地更加及时、更加直观，而各种直播 APP 也逐渐成为民间达人和网络红人的聚集地和发源地。随着这些五花八门的直播软件的出现，我们也跟着进入了一个全民直播的时代，一台智能手机加上互联网络就可以成就一位网红的诞生。

那么，这些主播究竟是靠什么收益的呢？那就是平台直播时里面的打赏功能。

里面可以给主播刷的礼物有“小心心”“撩一下”“热气球”“抖音一号”“做我的猫”和“为你打 Call”等，这些打赏变现后最终给主播带来了丰厚的回报。

随着直播行业越来越红火，这种方式已经渐渐地成为一种新型的社交方式和传媒介质。

040 KOL 合作：可提升知名度

“KOL”是营销学上的一种概念，用另一种方式来表达就是“关键意见领袖”，通常被定义为知道更多、更准确的产品信息，并且被相关群体所信任，还对这个群体的购买行为力有影响的人。在营销学上，通常帮助各企业或者厂家宣传的专家被称为“关键意见领袖”。

“关键意见领袖”和“意见领袖”不同的地方在于，前者属于某一行业领域的专家，在信息传播的过程中比较容易被认出来。那么，“KOL”的特征可以从哪几个方面来讲呢？如图 3-10 所示，“KOL”的特征可以分为三大类。

那么，在知道“KOL”是什么之后，该怎么跟“KOL”合作，提升知名度呢？下面就以“抖音”这个平台为例，来讲讲怎么利用抖音 KOL 来做产品推广，将推广效果发挥到极致。

抖音主要是一款以娱乐性为主的音乐软件平台，它的定位是年轻人的音乐社区，以用户的体验为主，以内容营销为媒介，做高频次互动，培养用户的相互养成，是短视频社区内容消费的根源。

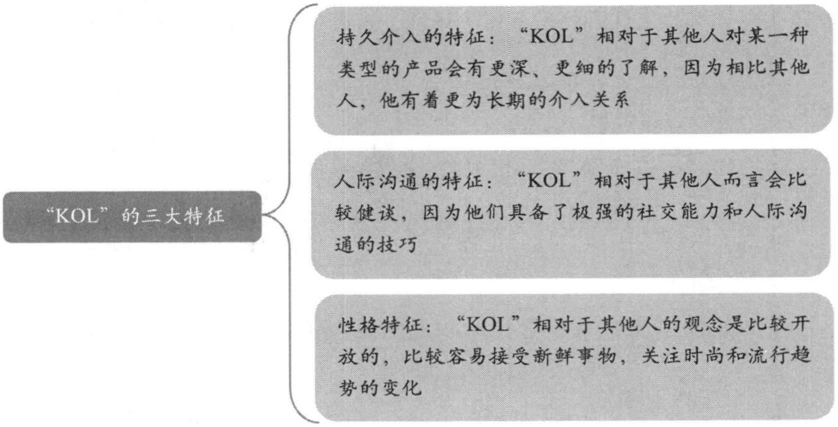

◆ 图 3-10 “KOL”的三大特征

那么，抖音 KOL 的资源怎么找，又分为哪几种呢？第一种可以直接从抖音账号下手，可以直接私信给抖音账号的主人，但是可能会存在不回复的情况，因为有的人可能会和其他的经纪公司签约，一旦签约了就不能接私单了；第二种就是找抖音 KOL 资源平台方，这种方法的缺点就是，某个公司签下的一些达人，资源参差不齐，价格也不统一；第三种就是跟抖音的官方签约人去对接，这种类型的好处是资源相对集中，但缺点是价格可能会比较高；第四种是找相对性价比高一点的，比如可以找有平台资源的和有官方资源的结合类型。

抖音的商业逻辑就是将各位明星大腕、红人和平民用户分享的海量的优质内容和搞笑视频等，通过关注、喜爱、分享、点赞、评论和私信等方式来增强社交属性，然后在 APP 中进行转化，给平台和用户引流，还给各大广告主增加销售额，制造一个又一个的爆款商品，而从达到“内容 + 社区 + 电商”的商业模式。

抖音的标语是“抖音，记录美丽生活”，现在的抖音全球月活跃用户数已经突破了 5 亿人，放在国内来跟其他短视频平台进行比较，抖音已经成为了 8 款月活跃用户数据破了 5 亿人的软件之一，其中包括微信、QQ、爱奇艺、优酷、淘宝等一些社交软件和电商购物平台。

抖音每天发布的内容覆盖了服饰的搭配、旅游的攻略、美食的测评、搞笑段子、情感生活等不同类型的生活领域，这些生活领域可以有各种类型的需求，而且还可以提高用户的黏性，让用户没事就想要刷刷“抖音”。培养了用户对“抖音”这个平台的好感和忠诚度。

那么，我们如何利用抖音上面的“KOL”，让产品提升知名度、得到更多的销量和曝光呢？第一个就是需要找对“KOL”，广告主需要找相同类型的“KOL”帮你宣传，如果你想要宣传口红，可以找专门写这种口红试色视频的“KOL”。

在这么强大的流量平台下，抖音不仅有了忠诚的用户，还带火了一大批带货能力超强的“KOL”选手和明星，他们利用抖音推荐的产品常常因为太火导致全球断货，这种方式使产品的销量大幅度地上涨。

如今社交媒体的发展将品牌和“KOL”合作已经是很平常的营销模式了，基于“KOL”庞大的粉丝群体、优质的内容和受重视程度可以给品牌合作方带来更高、更大的回报。

041 演技不凡：生动品牌特性

品牌特性是指，区别于其他品牌的特质、特点，可以用一系列的比较明显的词汇来标志一个品牌。品牌特性可以由品牌企业的自我分析，也可以通过消费者来调查，还可以通过搜索其品牌来获得。

品牌特性是相对的，其主要表现可以从两个方面看出来。第一个是每个个性描述其品牌的词语的紧密程度是相对的，第二个就是每个品牌对同一描述词的紧密联系程度也是相对的。

当你想要获得一组品牌特征之前，就必须知道其品牌的特征描述词，还有它们之间的关联量，关联最大的词汇才可以进入品牌特征的候选名单，但最终可以决定它是不是其品牌的特性，主要还是取决于其他的特征词汇的表现和跟其相关的品牌对这一特证词的关联量。

虽然品牌特性可以从多方面去获得，但是直接使用搜索工具去搜索无疑是最快、最便捷和最准确的方法，越是知名的品牌、累积的时间越长，其在互联网上搜索的品牌特性的描述才越准确，搜索后得到的海量信息足够去还原品牌特征。

这里以最了解咖啡调味的“蓓朵芬”为例，那么“蓓朵芬”的品牌特性是什么呢？如图 3-11 所示为“蓓朵芬”的 3 个品牌特性。

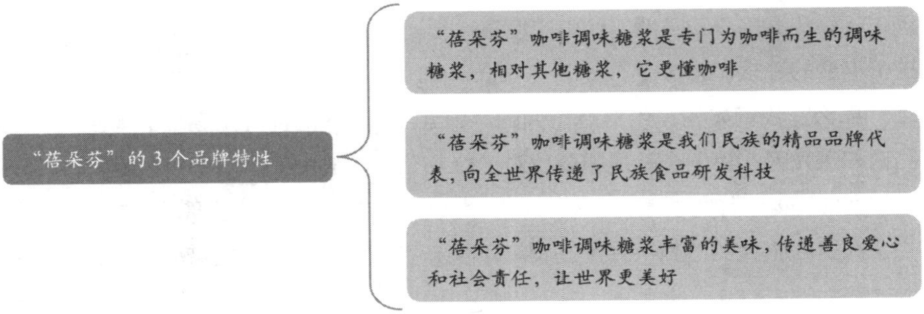

◆ 图 3-11 “蓓朵芬”的 3 个品牌特性

品牌本是无形的，它必须借助直接的或者间接的载体才可以表现自身的价值，品牌的直接载体包括品牌的图形、品牌的标记、品牌的名称等，而间接载体则包括与该品牌的各种特性，比如品牌价格、品牌服务，以及一系列品牌想要传递给公众的脑海的东西。一个品牌只有加上了这些直接或间接的东西才可以更加鲜活，更加具有市场价值。

042 账号代运营：增加点击率

代运营主要是指帮一些想要做电商的传统企业在网上运营其品牌的店铺，像这种代运营必须要一个团队才可以做到将其品牌店铺在互联网上正常运营，因为想要做到让某个品牌店铺正常运行，那么这个代运营公司必不可少的就是网络营销、产品、客服和供应链等，而这么多个岗位，一个人是完全不可能做到的，所以像这种代运营团队一般指一个公司，而这个公司在其岗位的人对其领域的知识也必须全方位地了解。

代运营主要是指电商代运营，代运营公司依靠各个电商平台的数据和专业的数据分析系统去帮助传统的企业进行有效的电商业务规划，帮传统企业做到不仅仅只有线下客户，还能将品牌重新定位，吸引线上客户群体，优化品牌的供应链结构，有效做到品牌长期的电商目标发展战略。

代运营的现象已经很普遍了，尤其是在淘宝，那么，这里可以以淘宝为例，来讲讲店铺代运营的方案和如何增加点击率，在短时间内提升销售额。

如今，淘宝的规则越来越严格，也在严格的同时弱化了很多指标，权重也减少了不少。那么，对卖家来说，到底要具备什么样的运营手法和运营策略，才可以使店铺增加权重、获得点击量、提升销售额呢？

在运营方式中有一种打造爆款的方法，这种方法确实是非常有效的，那么这种方法怎么实现呢？简单来说，就是一个店铺中可以上架多个爆款，让其店铺构成一个网红的爆款店铺，一个爆款带来的点击量可能不是很多，那么，多个爆款的浏览量肯定就不会少了。

在用户多次点击浏览下，店铺的权重和各项指标也会上涨，权重和指标上涨了之后就会被更多的用户看到，那么，卖家只需要保质保量，销量就不会差。总的来说，这种打造爆款的营销方法相对于其他的营销方法是每个运营店铺基本需要了解的营销方法。

下面来讲怎么去定制运营策略。第一就是运营布局。布局也分为两个小类，首先就是你运营的店铺，它的定位是什么。对一个店铺的点击率来说，它的定位是很重要的，因为你只有定位准确才可以提高店铺的转化率。

这里可以从年龄这个类别来说，你的店铺的受众群体的年龄段是 00 后，还是 90 后，还有受众群体可以接受的价位大概是多少，然后是风格，可以拿服装来举例，它分为韩款、小清新、森系、欧美风和原宿风等。

然后就是类目必须要垂直细分，细分后的好处就是对店铺做推广的时候可以精准定位自己的用户群体，以及产品的点击率和转化率都会有很大的提高。这里你可以在宝贝标题上面下功夫。

第二就是运营的思路。在做好了店铺和产品的定位之后，接下来需要考虑的事情就是店铺的运营思路是什么。一般来说，就是上架一款主推款，其他的上架的就是一些不是主推的款，简单点说就是副款。先将店铺的主推款给做起来，将店铺的权重加深加重，为店铺打基础，然后通过对消费者进行引导性的消费，将副款销售出去。

那么，在选择店铺主推的款式时，应该怎么选择呢？这时一定要多花点时间和精力，或者，你可以借助淘宝的直通车，也可以在淘宝中选择销量好和点击率高的产品且符合自己产品定位的产品款式作为主推款。如图 3-12 所示，主推款一般放在店铺最显眼的位置，即店铺首页的橱窗里。

◆ 图 3-12 “淘宝”截图画面

最后就是运营的方案。影响淘宝店铺的一个重要的因素，就是店铺中的宝贝。店铺中宝贝的多少不同，运营的效果绝对是不一样的。那么，我们如何边运营店铺，边给店铺上新呢？

淘宝规定，首次上新必须要十款宝贝，因为只有这样，淘宝才可以计算权重。第一次上新完了之后，我们可以每天固定上新 1-3 款，上新了之后，要着重做主推款，副款可以等主推款稳定了之后再来做。

当这些都完成之后，接下来就是要引导顾客来做回头客了。比如，优惠券、客服推荐链接，还有通过短信引导。上述内容就是打造一个爆款店铺的主要运营步骤。

043 视频影视化：可增加曝光

从现阶段各个短视频软件的发展来看，短视频可以分为两个平台：一个是独立平台；另一个是综合平台。独立平台是在互联网的基础上诞生的以短视频内容、功能和服务为主的平台，专注于短视频行业，通常是以手机平台、移动客户端为主；综合平台则主要是指以嵌入的方式进入短视频这个行业，但短视频并不是主要的，它的核心定位不是在短视频上，而是在其他平台，这个其他平台包括新闻资讯类平台、社会平台和传统的视频网站。

就现在快节奏的社会生活来看，与其花十分钟去看一部不完整的电视剧或者电影，还不如利用闲暇的碎片时间去观看一部短而精的完整作品。相对于长视频而言，短视频快、准、狠，更符合现代人的生活节奏。比如，抖音和快手这一类的短视频平台现在火得一塌糊涂，因为其主要的优势是，门槛低、传播快和传播广。

目前短视频行业正发展得如火如荼，在很多平台上都会将短视频影视化，那么，将视频影视化之后，可以带来什么好处呢？

这里可以给大家举个例子，最近新火起来的一部竖屏短视频网剧叫《生活对我下手了》，这部短视频网剧现已在爱奇艺平台播出，它作为短视频领域率先转型的作品，用全网高口碑、高讨论数证明了自身的实力。

现在市面上的短视频大多是鱼龙混杂，在节奏上虽然快和短，但是在内容上却不够精致。那么，要怎样在现在原有的短视频上增加创新呢？要怎样做到在短视频只有几分钟的时长内，加上制作精良的精品内容呢？这时，爱奇艺率先出品了《生活对我下手了》。

这部网剧做到了制作精良，每一个画面都很精致，也解决了原有影视的时长问题，它的每一集都是一个独立的剧情，时长为4-5分钟，既可以一次性刷完，也可以利用"碎片时间"观看，在短视频走向影视化的道路上迈出了重要的一步。

现在互联网的受众群体越来越年轻化，越来越多的年轻人成为消费互联网的主要力量，然而，短视频有趣、简单和轻松的氛围刚好符合了现代年轻人的生活方式。《生活对我下手了》的受众正面临这样一群互联网用户，而每个人都能在这部网剧里面找到身边人的影子和一些似曾相识的场景。

这部网剧作为全网首部以竖屏的方式来呈现的作品，以影视化的形式拍摄内容，一改在之前短视频制作方面的简单粗暴，以匠人的精神来打造更为专业和精致的短视频网剧。这部网剧的大火刚好肯定了只有好的质量和口碑才可以得到更多用户和市场的认可。所以未来将短视频影视化会更加普及，内容也会越来越优质。

044 补贴：可以增加用户激情

随着短视频和新媒体的迅速发展，互联网行业的平台盈利模式也是花样百出、层出不穷。在打造完短视频后，用户可能还是会有所疑问，到底如何能够成功变现、获取盈利呢？除了上面介绍的几类变现模式，是不是还可以从其他类型的平台盈利模式中获取新的点子呢？

随着移动互联网和移动设备的不断发展，移动端的短视频也愈加火热，各种短视频 APP 层出不穷，此起彼伏，如快手、抖音、火山小视频和美拍等。那么，这些移动端的短视频平台又是怎么盈利的呢？它们的分成收益又是如何计算的呢？本节将以抖音、快手、火山和美拍为例进行具体介绍。

❶ 抖音

抖音是一款备受年轻人喜爱的音乐短视频 APP，同时它的收益主要来源于平台补贴。此平台还常常与品牌主发起相关话题挑战，吸引用户参与，以便推广品牌。

抖音平台上发起的话题挑战，实际上是需要通过品牌商、平台方、达人以及用户等一系列的合作的。平台方和品牌商发起话题挑战，利用达人和活动运营炒热话题，从而吸引广大用户参与挑战。如果用户生产出优质的内容，且引起了较为广泛的传播，那么平台就会给出奖赏和补贴。

专家提醒

抖音为了获取更多收益，也开通了直播功能，相对于平台补贴而言，直播中获得的粉丝打赏收益更加直接，而且往往能够获取更为丰厚的利润。

❷ 快手

快手是一款比较接地气的 APP，同时也是普通老百姓娱乐的绝佳平台，它的收益方式主要是以直播的粉丝打赏为主。对主播而言，只要有足够的粉丝支持，内容质量高，就能够获取较为可观的收益。

专家提醒

快手的直播功能可以提供给主播收益，具体的方法为：扣税20%左右，五五左右分成，剩下的就是主播的实际收入。

如果粉丝想要给自己喜欢的主播送礼物，就需要充值快币，而快币又是与现实中的货币挂钩的，故礼物赠送越多，主播获取的收益也会更多。

❸ 火山小视频

火山小视频是一款收益分成比较清晰、进入门槛较低的短视频平台。火山小视频的定位从一开始就很准确，而且也把握了用户想要盈利的心理，打出的口号就是“会赚钱的小视频”。那么，火山小视频的主要收益究竟来自哪里呢？

火山小视频是由今日头条孵化而成的，同时今日头条还为其提供了10亿元的资金补贴，以全力打造平台上的内容，聚集流量，炒热APP。因此，火山小视频的主要收益也是来自平台补贴。那么，用户要怎样才能获得这些补贴呢？

利用第三方账号微信、QQ、微博等登录火山小视频之后，进入火山小视频的个人主页，点击“火力”按钮，即可进入相应页面，通过页面切换查看与火力、钻石相关的数据。

专家提醒

火山小视频是通过火力值来计算收益的，10火力值相当于1块钱，所以盈利是非常划算的，关键在于内容要有保障，最好垂直细分，而不是低俗、无聊。

❹ 美拍

美拍的主要收益来自粉丝打赏，而打赏又依赖于粉丝的积累，用户有了足够多的粉丝才能够进行变现，从而获得丰厚的收益。

值得注意的是，美拍可以通过内容创作融入广告，而且还有多种不同的形式，有比较直接的，也有比较富有创意的。比如，各大品牌商在美拍上发起的#

广告也有戏＃就是直接的广告，而有的则是通过创意的内容来植入广告和商品链接，不过这也需要有足够强大的粉丝基础才能达到效果。

045 平台分成：增加用户意愿

处于纷繁复杂的互联网世界之中，企业想要经营好一个平台不容易，用户想要通过平台盈利变现就更是难上加难。了解平台的具体分成收益，对短视频创作者和团队而言是至关重要的，一是因为不同的平台在不同的时间段对短视频的扶持力度是不同的，会随着时间的变化而变化，把握趋势很重要；二是了解不同的渠道有助于创作者和团队提升变现的效率。

如图 3-13 所示，2019 年 2 月 20 日，头条号发布了一篇文章，表示从 2 月 14 日起“青云计划”将全面升级，平台除了对优质的原创内容进行奖励之外，还新增了“青云计划”对每月的优质账号进行奖励。

◆ 图 3-13　今日头条“月度优质账号”计划截图画面

这个对优质账号的奖励主要是从其账号的综合内容质量方面和受用户喜爱程度方面进行分析，从而得出当月的 200 个获奖账号，并从选出的优秀账号中，对每个账号给予 5000 元的奖励。

那么，这个“月度优质账号”的入选条件是什么呢？答案如图 3-14 所示。

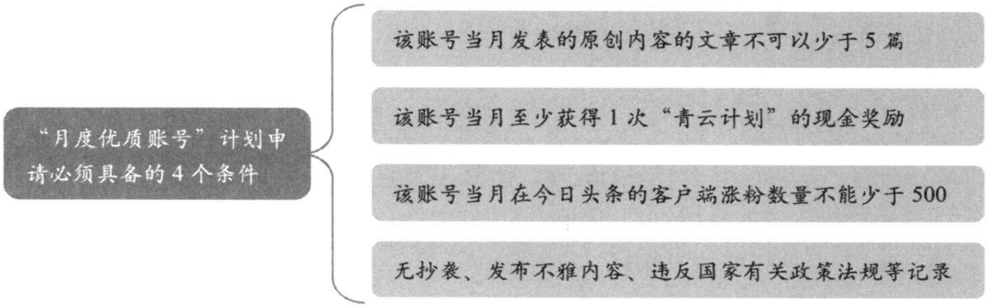

◆ 图 3-14 “月度优质账号”计划申请必须具备的 4 个条件

046 讲故事：不可忽视的方面

故事讲述是现在大部分短视频的主要内容形式，而讲故事的内容营销在这几年已经被玩烂了，虽然讲故事的形式在现在很流行，但是，很少有人可以真真正正地讲好一个故事。

现在是互联网时代，也是自媒体正火的时代。那么，如何利用现在的各种自媒体平台来讲好一个故事，让“好故事”变成好的内容营销呢？下面以“海尔”品牌为例，来讲述一个“海尔”砸冰箱的故事。

这个故事发生在 1985 年，有一天海尔的一位用户向其反映，工厂生产的冰箱质量有问题。这种问题可大可小，在得到这种反馈的情况下，张瑞敏首席执行官不是选择视而不见，而是直接突击检查了海尔的仓库，在检查下发现不合格的冰箱共有 76 台。张瑞敏当时想要处理掉，有一个干部提出，要将这 76 台不合格的冰箱作为福利，奖励给本公司的员工。

但是，张瑞敏当时却做了一个异于常理的决定，他召开了一次全体员工大会，将 76 台不合格的冰箱当场砸掉，并且，这些不合格的冰箱必须要由员工亲自砸。

要知道，在当时那个年代，别说是毁东西，就是一个企业开工资都是十分困难的，况且，在那个物资紧缺的年代，别说是合格的产品，就算是一个不合格的次品，也是需要凭票据才可以购买的，而那时的票据很紧缺。所以，当张瑞敏说要砸掉那些不合格品时，员工们该有多心疼啊！

但是，张瑞敏知道，如果放任那些产品，海尔这个品牌就谈不上质量，所以，张瑞敏选择了绝不姑息。不然，今天是 76 台，明天可能就是 760 台，以后可能就会更多。因此，这个“砸冰箱”的行为必须要强制性实行。

结果，在张瑞敏的监督下，生产冰箱的员工将 76 台不合格的冰箱，一锤子一锤子砸烂，伴随着那一声声的巨响，也真正砸醒了员工的质量意识。

在众多家电行业，海尔员工砸了 76 台不合格的冰箱的故事从此传开，并把那砸了 76 台冰箱的铁锤放在了海尔的展览厅，这样是为了新来参观的员工也可以牢牢谨记。

企业管理本就是一个巨大挑战，当不好的事情发生时，就应该及时制止，改变员工的思想观念，不该放任。在那个次品都紧缺的年代，海尔坚持只要是次品就要毁掉的观念。

任何品牌企业想要走得更长、更远，质量永远是生存之本，或许有用户因为你的广告打得足、宣传得够到位、噱头吹嘘得足够好而购买你的产品，但是留住用户的永远是产品的质量，好不好用户用过了就会知道，在质量方面是透明化的。所以，海尔提出了“有缺陷的产品，就是废品”的产品理念。

在海尔的质量管理上，其推广的不是数据统计方法，推广的是“好的产品是优秀的员工干出来的！”海尔从改变员工的质量观念入手，从而实现品牌的经营管理。

这也是海尔公司利用了“讲故事”的形式，让公众得知了其冰箱的质量是过关的，从此在家电这个行业，质量也就成了“海尔”的代名词。

如今海尔越做越大，旗下不仅仅只有冰箱，还有空调、洗衣机和厨电等，还提供独家定制服务。

047 特色优势：内容聚焦营销

在市场营销中，我们常常会听到“聚焦营销”这个词。那么，聚焦营销到底是什么呢？其主要就是在对市场进行有效合理的分析后寻找一个“空白”市场，并且设计独特的产品概念和卖点，凭着最“优先”的品牌定位方式，再用最“集中”的手段对该市场进行整合推广和传播，并在用户心中反复强调，打动且影响消费者，在消费者的心中占据头一个位置，最终成为该类产品的领导品牌的一种营销手段。

这种营销方式策略针对性很强烈，它就不同用户和不同的产品采用针对性的促销手段在进行营销。其通常的操作步骤一般是先寻找准确性、需求性高的目标用户，然后针对这类群体去设计产品，针对他们去核算适合的成本和定价，再通过各种途径去转移产品，最后就是通过各式各样的促销方式，让这类目标用户群体去了解产品、使用产品并爱上产品。

在这个过程中，需要不断地调整，根据已经变化了的目标用户群体，调整自己产品的位置，寻找自己准确的定位。那么，聚焦营销的两点核心思想是什么呢？如图 3-15 所示。

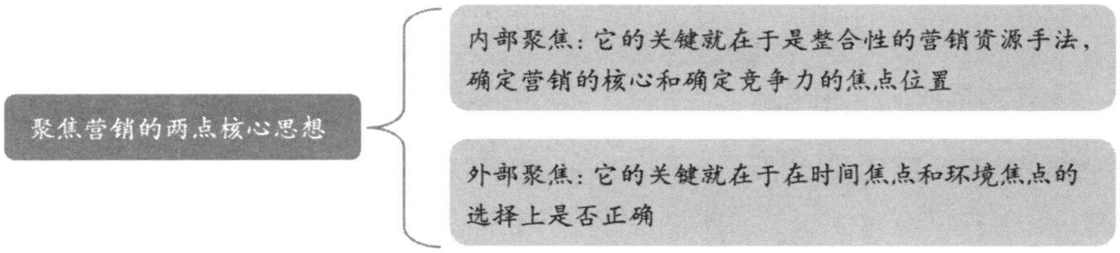

◆ 图 3-15　聚焦营销的两点核心思想

接下来就是内容聚集营销。首先说说产品的定位聚焦，一个产品的卖点非常多，但是却没有一个核心点，在整个销售的过程中，用户没法通过销售的介绍简单明了地知道这个产品。既要说产品的这个功能好，又要说产品的那个服务好，用户经过了解就会觉得哪一点都挺好，但是哪一点都不想放弃，所以一直犹犹豫豫，不肯购买。要是遇到那种有选择恐惧症的用户，想要让其购买就更加困难了。

这种就是产品的卖点太多了，一个产品，如果不能在第一时间抓住用户的消费心理，而是留下一个空间让消费者自行思考、分析与自己现在的需求对接，只会导致消费者的理性购买欲压制感性的购买欲望，最后会造成消费者不购买的行为。

然后就是资源整合的聚焦。一个产品在没有得到市场认可，没有获得权威机构和权威媒体的支持前，在企业的前期推广中，资源过于分散，一方面会导致产品很难获得消费者的信任，也难以建立自己的品牌形象。另一方面就是企业的实力如果有限，资金就只能分散使用，对各个地方的支持不够，企业经营起来会很累，那些经销商也会很不满意，导致最后市场永远热不起来。

最后是市场的建设聚焦。一个企业前期是没有建立市场样板的，经销商在这种情况下也是心动身不动，市场上的产品多得似天花乱坠，在这种市场下，经销商最难的就是选择一个好的、利于长远发展的产品。在现在这个产品和营销同样重要的时代，一个好的产品其销售不一定好，所以各种营销手段就成了中间的转折点，而最具有说服力的就是企业建立市场样板。

那么，究竟如何做到不仅能让市场接纳，也可以让顾客满意的内容聚焦营销呢？答案如图 3–16 所示，一共可以分为两点。

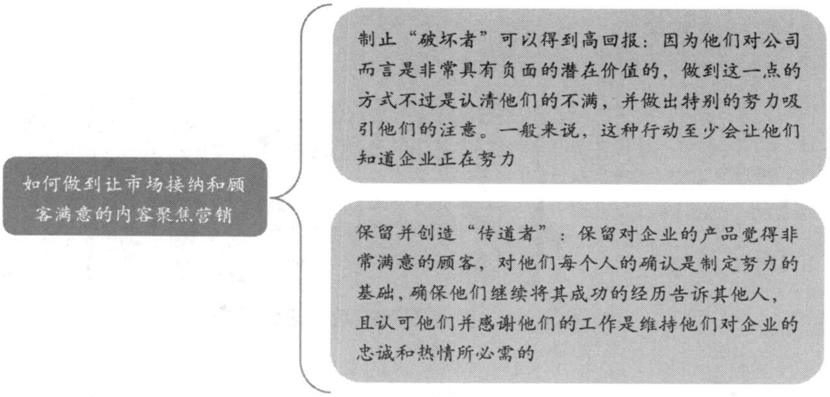

◆ 图 3–16　让市场接纳和顾客满意的内容聚焦营销

048 展示日常：品牌文化扎根

品牌文化是指品牌的理念、宗旨、目标、价值观和品牌个性等文化元素。那么，如何让品牌文化在大众的心目中扎根呢？这就要讲到文化营销。

文化营销的核心主要是理解人、尊重人、以人为本，调动人的积极性和创造性等，在其观念中，企业的营销活动会奉行的一些原则，比如，给予产品、企业和品牌丰富的个性化的文化内涵。

文化营销主要是指利用文化的力量来进行销售，而这个文化营销的理念是在企业的营销人员和相关人员在企业的核心价值观的影响下产生的，以及对外塑造出的营销形象，这两者在某一特定市场中相互磨合运作的过程中形成的一种营销模式。

文化营销是一组组合概念，即把商品作为文化的载体，通过市场交换的形式进入消费者的脑海，它在一定程度上反映了其消费的物质追求和精神追求等各种文化元素。文化营销既包括浅层次的构思、造型、包装和商标等，又包括对其营销活动的各种价值评判、审美评价和道德追求。图 3-17 所示为文化营销的 3 个含义。

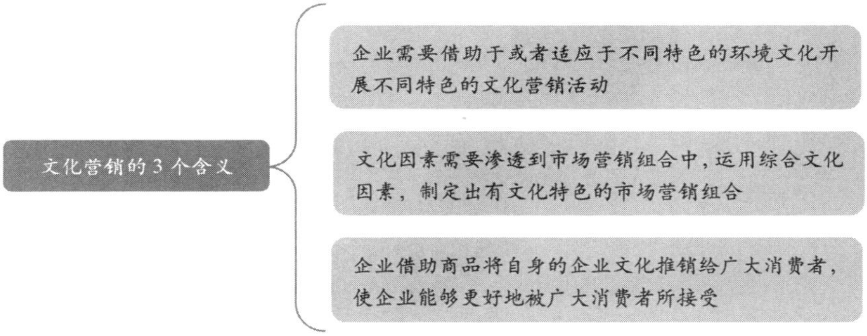

◆ 图 3-17　文化营销的 3 个含义

在知道了文化营销的 3 个含义后，就需要知道怎么利用文化营销将品牌推广出去，品牌推广是需要长久性和持续性的。

通常，制订品牌推广计划必须要遵守 3 个规则。第一个是它的具体性，具体性指整个实施的步骤是否具体，比如，要事先想到在计划过程中会出现什么样的情况，并想到将其解决的具体方法，计划该如何去执行，如何去应付各式各样的乱子，还有计划最终是要去实现一个什么目标等诸如此类的具体品牌内容。

第二个就是它的合理性，做计划是为了实现最终的目标，计划并不是空口白话，计划的目的是为了有结果，首先设置的目标不要太高，因为太高的目标会非常难以达到，如果没有完成，那么做这个计划的目的，就没什么意义了，但是也不能太低，因为计划都是具备挑战性的，这样才可以让挑战者有一直向前的决心，这个可以根据当时的各种因素去决定。

第三个原则就是时间的限制性，可以将时间分成好几个时间段，在每个时间段该完成什么任务，给计划分成好几个等份，合理地安排时间和需要完成的具体内容。

接下来就是推广目标，选择推广目标是非常重要的一个步骤，而且选择的目标必须具有针对性，也就是说，必须选择与想要推广的产品相符的受众群体。任何的推广都需要一定的推广费用，在企业控制成本的前提下，可以选择相对更高的推广费。

只有选择了相对比较精准的用户群体才可以达到控制成本的效果，假如你的目标群体没有经过筛选，那么目标一定是很庞大的，这样的话消费自然也是非常高的，而且这种消费是非常没有必要的，因为你消费的用户，他们对你的产品不会产生消费力，这样就会导致成本过高。最后一个就是推广的渠道，在现代社会，推广宣传一般可以分为 3 个层面，如图 3-18 所示。

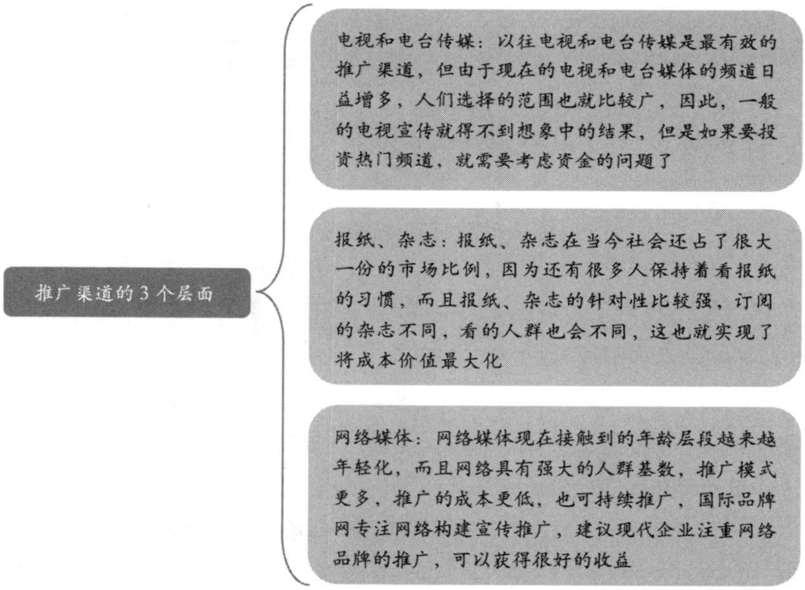

◆ **图 3-18　推广渠道的 3 个层面**

文化营销不是单纯地喊喊口号就行，它不只是单单形式上的问题，而是一个内容的问题。企业在进行内容文化营销时需要注意这两个方面，一个是关系，什么样的内容才可以决定什么样的形式，形式是内容的体现，这两者是相辅相成的。

企业在进行文化营销时总是太注重形式，往往会忽略其中的内容。比如，有的企业只注重产品的外包装，却不注重产品的质量好不好，还有的企业天天在表面上读着朗朗上口的口号，但是从来就不实行。

另一个就是系统观点，企业的文化营销是一个整体、一个有机的系统，它还包括 3 个方面的内容，我们不能断章取义，不能只想到中间的一个点，应该将 3 点同时考虑结合起来才行。企业的文化建设是企业文化营销的前提和基础，企业只有打好良好和健康的全面文化建设地基，文化营销才可以在这个地基的基础上做好后续的营销工作。

企业可以根据分析和识别不同的环境特点，来造就文化营销的中间环节和组带，在企业文化建设的基础上，只有将不同的文化环境进行分析才可以制造出更为科学的文化营销组合策略。企业在进行文化营销的时候往往只重视文化营销的组合策略的运用，却忘了前两者的存在。

那么，在了解了内容文化营销之后，真正实施的时候应该注意什么呢？答案如图 3-19 所示。

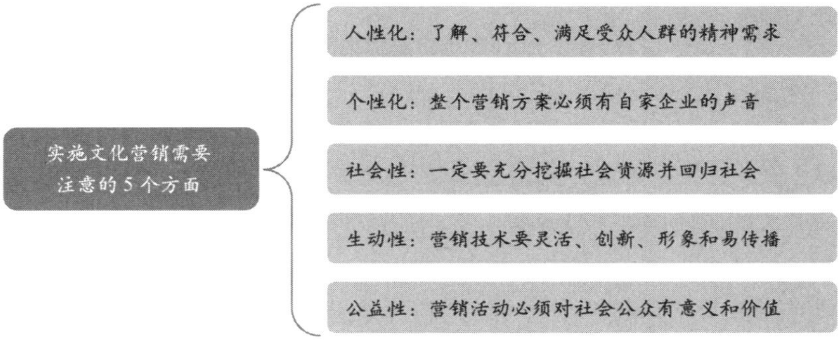

◆ 图 3-19　实施文化营销需要注意的 5 个方面

049 直接呈现：自带话题营销

话题营销是指口碑营销的一种，其主要是利用媒体的力量加上消费者对产品的口碑，让其产品或者服务成为公众讨论的话题来达到营销的效果。

那么，如何将产品进行话题营销呢？下面来细讲一下怎样才可以利用话题营销将产品的销售效果达到极致。首先看一下制作话题营销的 3 个步骤，如图 3-20 所示。

制作话题营销的 3 个步骤

- 找到具有传播的话题：可以采用幽默、恶搞、争议和社会热点等形式来创造话题，这样的话题会使更多的人去关注它、讨论它，从而达到营销相关产品和服务的效果
- 多方面宣传：在一个话题中，仅仅靠传播是远远不够的，还需要将周边资源利用整合，为这个话题提供足够的助力，在各种媒体的整合营销下，才会将话题的覆盖面加宽
- 后续跟进话题：需要后续话题的跟进和支持，在一个具有引爆性的话题背后还会有更多后续话题产生，这样可以让整个话题营销持续长久一些，营销效果也比较好

◆ 图 3-20　制作话题营销的 3 个步骤

其次就是话题营销参与者要有责任心，绝对不能为了获得广告主的喜欢就把产品吹上天。建议尽量尝试接自己熟悉的话题类型的广告产品，不然你可能会得到花费了大量时间和精力，却只能获得一点点报酬的结果。

另外，当你成功接到了广告主的广告后，一定要亲自体验其产品，因为只有自己亲身体验了，才可以做公正客观的评价，这个产品好不好，只有自己用过了才知道，而话题营销最基础的就是实事求是。

在话题营销的基础上，出现了一些系统化的实战体系。比如，一个叫 F4 的网络话题整合营销传播方案。这种方案目前已经在国内上百家企业得到了验证，其中，这个方案的营销焦点在于品牌提升和促进销售，可以在 3 个月内形成千万级的目标受众量，产生强大的传播力量和营销力量。而“F4”话题营销的具体实施包括 4 个主要方面，如图 3-21 所示。

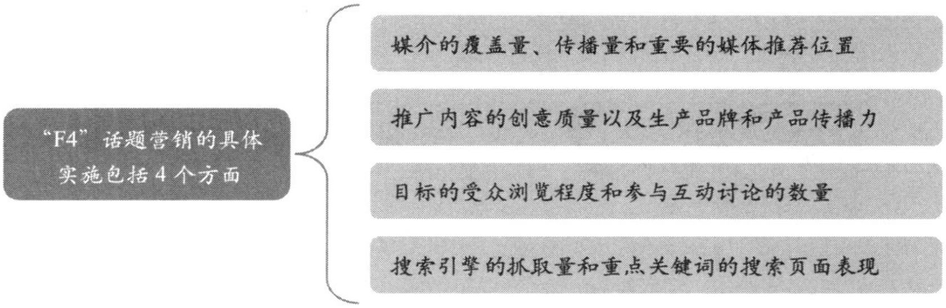

◆ 图 3-21　"F4"话题营销的具体实施包括 4 个方面

在"F4"话题营销的具体实施上，主要是以不断创造和挖掘具有价值的各种事件为主，重点的品牌推广活动为内容构成。在"F4"话题营销模式基础上，可以从多种网络平台，以海量式投递的推广模式，从深度和广度两方面去挖掘话题的角度，并将品牌的影响力和知名度打响。

在话题内容的设计上，主要由品牌、产品、事件、应用和活动等方面构成，参加传播的平台，主要是以主流的网络媒体、主流的网络论坛、主流的视频分享网站为主要的传播形式，话题的形式主要是以新闻、博客、帖子、软文、图片、专题等为主。

"F4"的网络话题整合营销模式，充分地利用了各类搜索引擎的抓取功能和延伸效应，将其网络话题整合营销的模仿发挥到了极致。

以"多芬"的沐浴露为例。在沐浴露的市场，同类产品主要传播的是其功能性，比如有滋润型的、清爽型的等，而"多芬"的主要功能就是滋养，它在这个领域已经占了一席之地了，"多芬"通过将滋养这个功能进行深度解读，强调了这个品牌的沐浴露在护肤滋养这一块的重要性。

那么，"多芬"是如何利用话题营销来推广和提升品牌知名度的呢？本次营销案例主要是讲"多芬"闺密系列制作了一部关于闺密之间，两人相互"滋养"的情感微电影，如图 3-22 所示。将这个微电影通过这个活动延伸到了电商促销平台，并邀请观看微电影的观众购买定制多芬礼盒，然后将礼盒送给自己最好的闺密。

这次话题营销最大的热点是利用多芬礼盒帮助消费者给闺密一个惊喜，这个惊喜还可以将消费者和其闺密的日常在微信上或者其他社交平台中的对话打印出来并做成对话条，每段对话都是她们曾经一起经历过的点点滴滴，看到对话，还可以使她们回忆起之前她们互相鼓励、互相帮助或者互相损的情景。

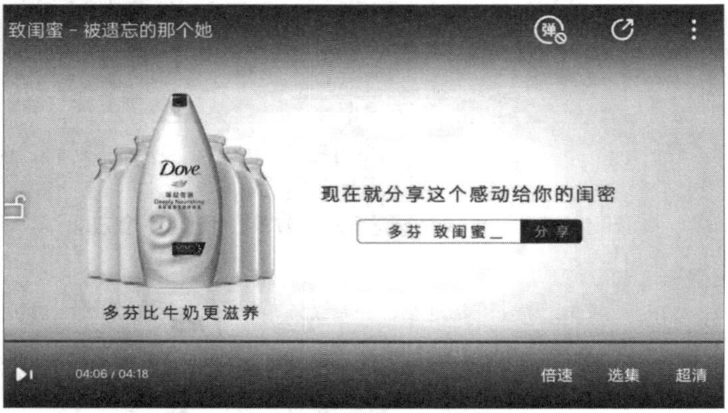

◆ 图 3-22 “多芬”微电影截图画面

当“多芬”的观众看到了朋友录制的视频并收到了其定制的礼盒时，她们就更愿意将这些私人的内容分享到各大社交平台。那么，这些分享的行为，极大地帮助了“多芬”宣传了其品牌和产品。

“多芬”这个案例是从线上到线下的整合话题营销，通过将微电影、社交和电商的结合，以内容话题的形式来推动跟各个电商平台的合作，通过社交分享和多芬礼盒的形式来扩大品牌的销售额。

050 版权收入：解决质量问题

版权是指原创作者对其自创的文学作品、艺术作品和科学作品依法享有的某些特殊的权利，其中包括财产权和人身权等。版权也可以称为著作权，也是知识产权的一种，版权是由自然科学、社会科学以及电影摄影方面、文学、音乐、戏剧等多方面组成的。

近几年，短视频行业的发展越来越迅速，从互联网的角度来看，短视频属于分享经济的重要组成部分，特别是用户自己独创的原创作品，这些内容已经成为了自媒体行业的重要部分，成为了新时期版权关注的焦点。

相比用户自己生产的原创内容短视频，反而专业生产的内容的受众程度会比较高，很多制作团队早就已经开始采取针对版权问题的保护措施。从普通的分享经济的角度来看，专业团队制作的内容相对于原创者创造的内容肯定要好很多，因为他们毕竟都是专业的。

但是，从现在这个正火的短视频分享经济的角度来看，普通的用户通过平台分享的方式将自己制作的原创内容散发出去，这相对于专业的团队来说，普通用户生产的内容更多、更加广泛，也更加接地气。

想要利用短视频的版权来获得收益，首先就需要弄清楚短视频的版权到底归谁，谁才是它的拥有者和使用者。

用户通过各个平台的录制和拍摄功能成功地拍出了短视频，按照《中华人民共和国著作权法》的规定来说，制作短视频的用户自然就是短视频的著作权人。各个平台对短视频的法律位置的争议往往是比较大的，这主要集中在各个平台是否可以成为著作权人上，然而这个问题必须要分层次来看。

首先，我们需要知道一点，著作权作为知识产权的一种，也是民事权利的一种，既然属于民事权利，当事人就有合法使用它的权利。用户作为接受其平台网络服务的自然人，在享受其平台提供的互联网服务的同时，也应该交出一定的权利给平台。所以，在网民协议中关于短视频的版权归属上，法律应该充分尊重中国网民协议中关于短视频版权权利分配方面的相关规定。

其次，用户作为短视频的著作权人，其人身权利一定不能让渡，只可以独自享有，著作权中的人身权也包括保持作品的完整性的权利、署名权、发表权和改编权等，这些权利涉及人身方面的权利具有相对独立于财产权的属性，所以未经著作权人同意不可随意改动。但是，短视频的财产权利是著作权人和其发表作品的平台共同享有的。

那么，怎样利用短视频的版权收入来变现呢？其实，短视频变现也跟一些畅销小说的版权变现一样，因为短视频的内容和小说的内容同样属于创作者的知识产品，其用户可以把自己的版权授权给其他人，也可以将版权转让给其他人，别人可以用你的版权内容拍电影、电视剧等。而对一些相对成熟的短视频团队来说，作品对公众的影响力比较大的话，完全可以进行进一步的版权盈利，也就是我们所说的版权变现。

这里所说的影响力可以从如下两个方面来进行数据化的分析和衡量。第一个是作品的播放量。什么是作品的播放量呢？就是在一个平台中总播放量，或者是全网的总播放量。这可以从数据中看出来。

那么，想要获得高版权收入，要怎样提高播放量和粉丝量呢？如图 3-23 所示为提高短视频播放量的主要方法。

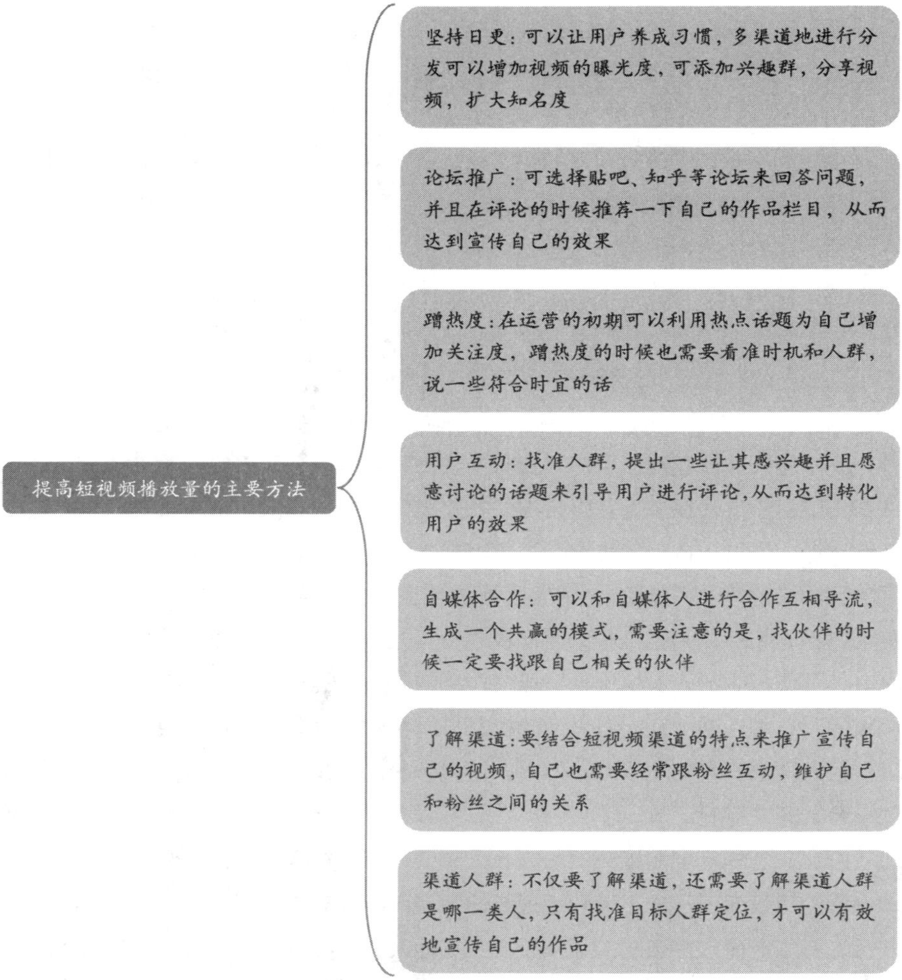

◆ 图 3-23　提高短视频播放量的主要方法

第二个是了解提高粉丝数的方法。这里以美拍为例，如图 3-24 所示为美拍平台增加粉丝数的方法。

只要播放量和粉丝量这两方面的影响力足够，加上优质的内容，用户将其作品的版权进行授权或转让，就可以增加一笔不错的收入。

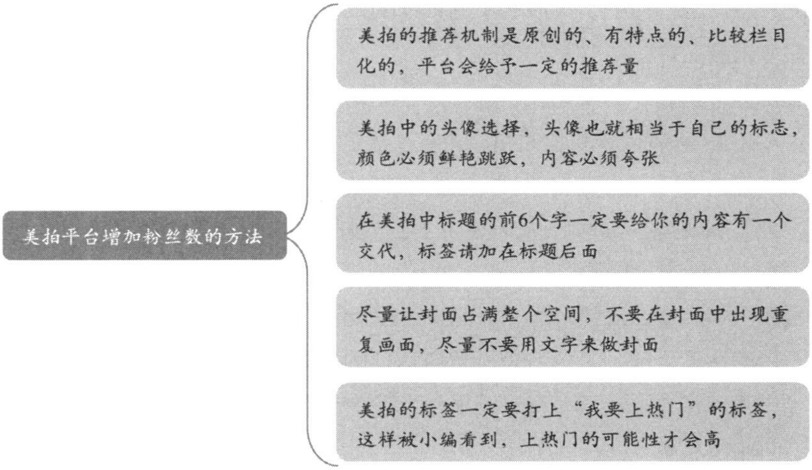

◆ 图 3-24　美拍平台增加粉丝数的方法

051　MCN 运营：实现稳定变现

MCN 是一种多频道的网络产品形态，与 PGC（相应产生载波技术）的内容结合起来，在外界因素的有力支持下，保障其内容的持续输出，从而实现最终的商业变现。

MCN 是一种很成熟的网红经济运作模式，它提供的价值可分为两大类，即为信息价值和效率价值。

MCN 这种模式一般需要较强的内容判断力和制作能力，大多有自己的模板和工业化生产机制，同时还具备了强大的引流能力，对流量的控制力也是非常强的，能够在内容生产方面和消费方面轻松调控，让两个方面形成匹配模式。

同时，公司对内容制作者的服务能力也非常重要，想要已经有些名气的红人甘愿做单纯的内容生产者，这就必须要非常细致而体系化的服务了。

在 MCN 这个模式中，选择领域垂直细分也是很重要的。在短视频市场越来越火的情况下，对 MCN 这个模式而言，被认同的一定是那种在垂直领域做得很深的 IP，因为这种垂直领域细分现已被市场认可，当其在垂直领域有一定的地位后，可以将其成功的经验投入更多的细分市场，根据进入的难易程度，选择一些冷门的领域可以保证对红人正确的判断力和使其流量快速扩展，但是相对而言，冷门的领域流量价值低，可能达不到预期的效果，在广告和电商变现的方面也会遇到很多困难。

下面就以抖音平台来举例，看一下 MCN 这个机构是怎么运营、实现稳定变现的。AMO Corp 爱茂机构是抖音首批工人的 MCN 机构，其机构对整个抖音的广告生态意味着只有认证 MCN 机构才可以签约达人，同时入驻抖音的星图平台。入驻之后可以获得抖音平台许多热门的话题挑战和内在的多种独家资源等，在派发广告方面也会有优先的权利。

爱茂机构依靠自己强大的 IP 孵化能力、运营能力和优质的内容生产力获得了抖音平台的认可，成为了抖音首批官方认证的 MCN 机构。未来，爱茂机构将发挥自己更大的实力和优势，在星图平台上签约更多的短视频红人，为广告主提供更多的商业化元素。

爱茂机构作为 MCN 行业领先的机构，它主要是以内容为驱动、技术为核心，包括内容、渠道和资源这 3 个方面的运营团队。

爱茂机构在内容打造方面，主要就是针对目标用户群体以及各个平台的爆款内容进行细致分析，打造市场迎合度比较高和平台传播效果较快、较广的内容 IP。

爱茂机构把握了优质内容的生产规律，将优质内容再次进行规划和升级并在平台进行输出，发布的作品正好击中了用户的兴趣点，所以，它就可以打造出抖音平台用户喜爱的内容。

爱茂机构在寻找资源方面也是很有技巧的，基于其对各个垂直领域内容的了解和积累的专业内容运营能力，横向签约，孵化 IP 红人。目前，爱茂机构签约的垂直领域就有舞蹈、颜值、时尚、美食、校园和情感等多个垂直领域。

在渠道层面，爱茂机构已经成为了领先于各大平台的 MCN 机构，比如快手认证的 MCN 机构，淘宝认证的 MCN 机构，网易视频认证的 MCN 机构，今日头条认证的 MCN 机构和新浪微博认证的 MCN 机构等。

MCN 机构在平台和内容的生态链中起到承上启下的作用。未来各个平台对 MCN 机构认证的要求会更高，爱茂如何在这强有力的竞争下继续保持领头羊的地位也是很重要的，还有在签约达人和内容运营上巩固领先地位，为其平台和达人提供更好的商业服务。

052 额外用途：扩大产品需求

扩大产品的需求也就是需要扩大产品的市场占有率，市场占有率也可以称做市场份额，是指企业在运作的市场中占的比例。

市场占有率对一个企业来说至关重要，因为它可以反映这个企业的经营和销售业绩等情况，还可以体现出企业在这个市场的直观地位。如图 3–25 所示为扩大市场占有率的 6 个步骤。

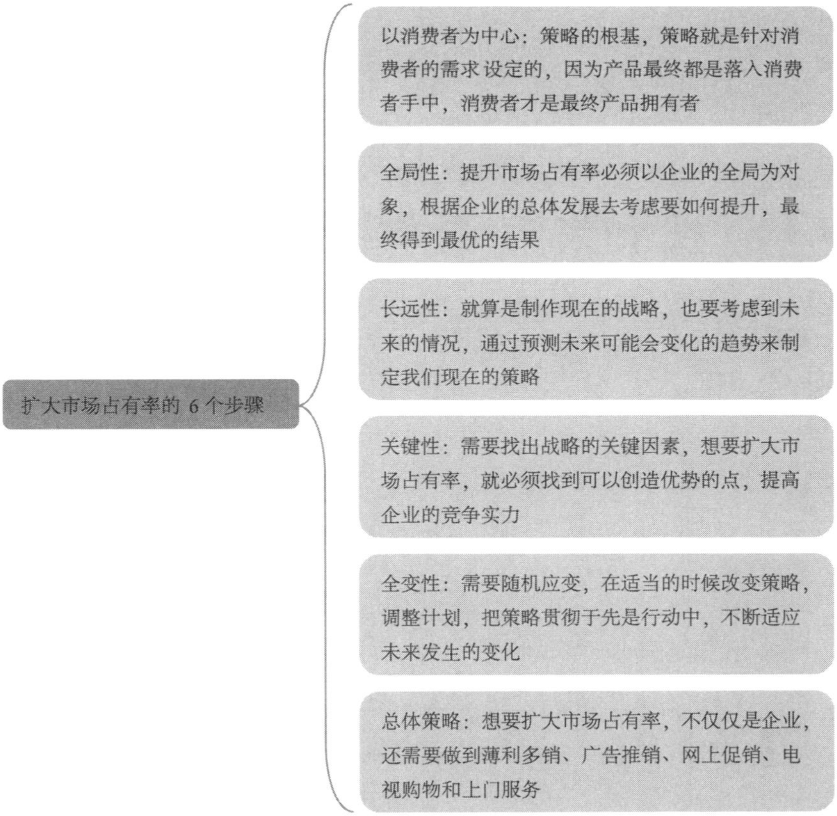

◆ 图 3–25　扩大市场占有率的 6 个步骤

想要利用短视频行业来推广，首先你需要知道你自身需要推广的产品定位是什么，举个例子，以抖音平台的《绝地求生》IP 为例。这个 IP 是腾讯推出的一款游戏，其主要就是以娱乐为主，而这个《绝地求生》的游戏中随意一个精彩操作、搞笑时刻等都是活的点赞和浏览的视频种类。

我们利用短视频推广的目的是让更多用户知道这个游戏，从而扩大这个游戏的知名度，让更多人去下载、使用它。那么，从哪里可以看出《绝地求生》这次利用短视频来推广到底有没有成功呢？

《绝地求生》在抖音平台发布的短视频截图画面，可以从画面右侧的点赞数、评论数和转发数看出，这个游戏的受关注度有多大。

当还没有玩过这款游戏的用户看到这种推荐，加上里面的各种搞笑瞬间，是不是就可以引起用户的好奇心，使得用户去下载它并使用它呢？这样利用短视频去推广这款游戏，就可以扩大用户对这款游戏的需求度，自然也就增加了这款游戏在手游市场的市场占有率。

053 视频接口：合作平台收益

在视频接口合作中，主要涉及三方，以西瓜视频和头条号为例，这三方即西瓜视频平台、第三方合作伙伴和头条号，其中的关系如图 3-26 所示。

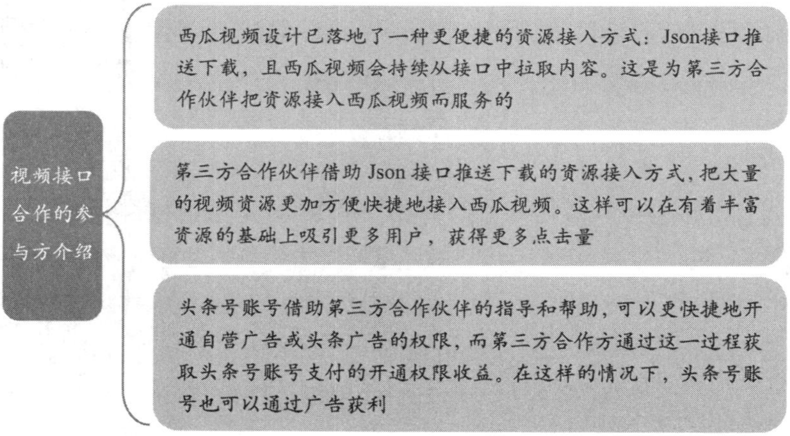

◆ 图 3-26 视频接口合作的参与方介绍

从图 3-38 中可以看出，无论是第三方合作伙伴还是头条号账号，都是可以实现获利的。而在这种接入合作中，头条号账号可以凭借着其丰富的视频资源，在今日头条平台的大流量支持下获取高阅读量，从而获取视频收益。

其实，今日头条的“西瓜视频”频道的视频收益，主要包括两个方面，即粉丝收益和非粉丝收益，而这两者的总和再减去信用惩罚，即视频的总收益。图 3-27 所示为今日头条号后台主页中的“西瓜视频”频道所获得的收益页面。

◆ 图 3-27　今日头条号“西瓜视频”频道所获得的收益页面

第4章

制造爆款：提升用户关注

对大多数运营者来说，短视频虽然火了起来，但是其对于如何提升自身账号的关注度，可能还有不少疑问。且对于这一问题，不同的人有不同的看法和见解。

其实，在笔者看来，解决问题的核心还是在于“用户为什么关注你”这一基于用户的动机。因此，本章将从用户动机角度，介绍提升用户关注度的方法。

- ✧ 营造氛围：满足对快乐的需求
- ✧ 提供谈资：满足对好奇的需求
- ✧ 设置目标：满足学习模仿需求
- ✧ 工具化内容：解决问题的需求
- ✧ 提供人生指引：自我实现需求
- ✧ 提供信念，让用户饱含正能量
- ✧ 产生共鸣，可以萦绕温馨的爱
- ✧ 满足你爱美之心，具有高颜值
- ✧ 提供优质内容，注重实用价值
- ✧ 关注话题热门，自带话题流量

054 营造氛围：满足对快乐的需求

喜怒哀乐，是人们经常会有的情绪。其中，“乐”明显是能带给自身和周围的人以愉悦的感受的。在抖音平台上，就有很多短视频营造出了这样的情绪氛围。

在短视频运营过程中，如果一个账号能持续带给用户快乐的感受，那么让他们持续关注你就是一件轻而易举的事了。那么，如何才能持续满足用户对快乐的需求呢？在笔者看来，主要有两点，如图 4-1 所示。

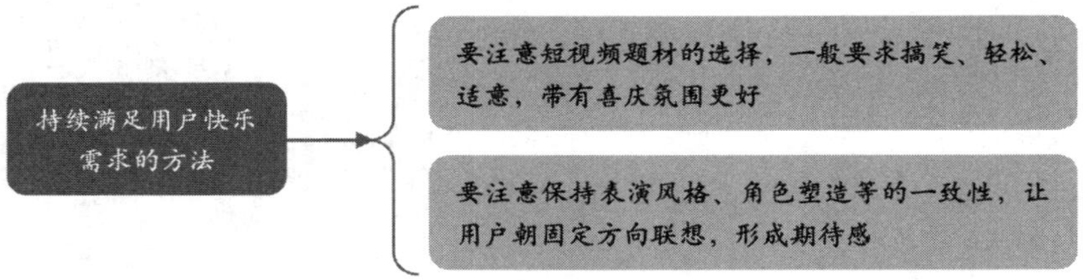

◆ 图 4-1　持续满足用户快乐需求的方法

在图 4-1 所示的两个方面中，保持角色塑造的一致性是非常重要的。只有在短视频运营过程中不断塑造一致性的角色，那么，随着时间的推移和内容的积累，用户才会自然而然地对接下来的短视频内容中的角色有固定联想，并期待着接下来剧情的发生。

且在保持这种一致性的情况下，即使某一天出现了不一样的角色塑造，用户也会在一定程度上沿着原有的角色塑造进行联想。

就比如一个看着非常喜庆的喜剧演员，如果在一个视频中突然表现出了严肃、刻板的形象，那么经常观看的用户是会感到严肃、刻板呢，还是会在这种反常的基础上联想到演员的原有形象而感觉更加搞笑呢？在笔者看来，后一种情况居多。

055 提供谈资：满足对好奇的需求

对未知的世界，人们总是会有不断探索的心理追求——在孩童时期，会对一些好玩的、未见过的东西有着巨大的好奇心；稍微长大一些后，学生会对知识无比渴求；进入社会，人们会对事业的追求存在好奇心。

在这种普遍的动机需求下，推送一些能引发和满足用户好奇心的短视频内容也是一种有效的运营方法。一般来说，能满足用户好奇心的短视频内容一般有三种，即稀奇的、新鲜的和长知识的。

通过稀奇的内容满足用户好奇心的抖音短视频，用户看到这样的短视频，出于猎奇的心理，一般会想去看一看。或者通过新鲜的和长知识的内容满足用户好奇心。

这些短视频，或能利用人们认知上的反差引发好奇，或能利用新鲜内容为人们提供谈资，抑或利用长知识的内容提升优越感，这些都是能满足用户好奇心而引发关注的好方法。

056 设置目标：满足学习模仿需求

在日常生活中，人们见到好的技巧和行为，总是会不知不觉去模仿。例如，喜欢书法的人，偶然在某处看到书法好的碑帖、字帖等，会耐不住手痒地去细细观摩；喜欢折纸艺术的人，在看到相关内容时，会按照提示一步步去操作，期待能做出满意的效果。而视频内容的出现，为用户提供了更真实、生动的学习模拟平台。

其实，人们能学习模仿的还不仅限于此，如短视频中的某一行为，同样能成为学习模仿的对象或努力为实现某一目标而奋斗的对象。

能让人产生学习模仿需求的短视频内容，在吸引用户关注方面有着显著效果——无论是有亮点的技能、特长，还是值得学习的某项行为，都是具有巨大吸引力的。

057 工具化内容：解决问题的需求

除了满足用户的快乐、好奇心和学习模仿需求外，短视频内容中如果能满足解决问题、自我实现的需求，也能吸引更多用户的关注。本节就从满足解决问题的需求出发来进行介绍。

专家提醒

如果说满足用户的快乐、好奇心需求还只停留在心理层面的话，那么满足学习模仿需求已经上升到了行为层面。只是相对于满足解决问题的需求而言，满足学习模仿需求从某一方面来说并不是生活中必需的，而后者恰好相反，完全是生活能力和生活水平提升所必需的。

无论做什么事，人们总是会遇到问题并解决问题。当然，也正是因为这样的过程，使得进步的旋律时时响起。因此，运营者如果能为用户提供解决某一问题的方法和技巧，满足人们的解决问题的需求，并能帮助人们更好地完成任务，那么，获得更多的用户关注也就不足为奇了。

这一类的短视频内容有一个明显区别于其他短视频内容的特点，它吸引用户关注的时长可能并不是某一个时间点，而是会持续相当一段时间。例如，用户看到某一个短视频，当时可能只是觉得它有用而关注，当过去一段时间后，用户在生活中遇到了需要短视频内容中提及的方法来解决的问题时，用户是会二次关注或多次关注的。

可见，能满足用户解决问题的短视频内容，明显是工具化的、有着更长生命周期的内容。它能让用户“因为其他的事情而想起它”，这种结果的发生是必然的，而不是与满足快乐、好奇心等需求的短视频内容一样——纯粹是“因为它而想起它”，其结果具有极大的偶然性，且大多不可重现。

058 提供人生指引：自我实现需求

从心理层面到行为层面，再到更高层次的精神层面，无疑是一个有着跨越性发展的过程。运营者在进行短视频运营的过程中，应该要思考的是“用户为什么关注你”的核心问题。当然，也可以遵照这一顺序来推出短视频内容，从不同层次、不同角度引导用户关注。

前面已经对两种心理层面的需求满足和两种行为层面的需求满足进行了介

绍，接下来笔者将为大家分享在精神层面上通过自我实现来满足用户需求的短视频内容。

说到“在精神层面上通过自我实现来满足用户需求”，大家可能还会有点困惑，然而说起“心灵鸡汤”就会恍然大悟了。相对于其他短视频内容来说，“心灵鸡汤”类的可能比较少，然而也不是不存在的。

“心灵鸡汤”类的短视频之所以能引起用户的关注，最基本的原因还是在于其中所包含的正能量和积极的思想。生活中是不会没有挫折的，而在遇到挫折时是不能缺少积极思想的引导的。运营者基于这一情况推出短视频内容，可以为那些有着人生焦虑和挫败感的用户提供指引，让他们拥有更加积极的人生态度。

同时，“心灵鸡汤”类的短视频内容很多都是来自名人名言和蕴含着丰富哲理，因而可以利用其权威效应，提升用户的控制感，降低被控制的思想禁锢，让人生重新焕发生机和活力。

059　提供信念：让用户饱含正能量

人们总是会受各种情感所感动，特别是那些能激励人们奋发向上的正能量，更是激起受众感动情绪的重要原因之一。

例如，勇于救人、善于助人的英雄事迹，对有着“大侠梦”、心存仁义和匡扶正义的受众来说，就是一个激发人感动情绪的事实所在；历尽辛苦的成功的创业之路，对处于低潮期和彷徨期的年轻人来说，更是激发人奋起的指明灯……如此种种，都可作为爆款短视频内容，点燃受众心中的信念之火，从而使其坚定、从容地走好后面的人生路。

比如关于国家发展和成就的抖音短视频，作为一个生活在祖国阳光下的社会人，看到这样的视频，是不是会感觉到特别骄傲和自豪呢？心中油然而生的激动情绪是这类爆款短视频推广效果的缩影。

对受众来说，短视频平台更多的是作为一个聊以打发无聊、闲暇时光的所在，吸引了众多人关注。而运营者可以为平台上的人数众多的用户群体，多发布一些能激励人心、感动你我的短视频内容，从而让无聊变“有聊”，让闲暇时光也充实起来。这也是符合短视频平台的内容的正确发展之路的。

060 产生共鸣：可以萦绕温馨的爱

在日常生活中，人们总是会被能让人产生归属感、安全感以及产生爱与信任的事物所感动。例如，一道能让人想起爸妈的家常菜，一份萦绕在两人中间的温馨的爱，一个习以为常却体现细心与贴心的举动，等等。这些都能让人心生温暖的正面情绪，当然，它们也最能触动人类心中柔软之处的感情，且是一份能持久影响人内心的感情。

而短视频作为一种常见的、日益发展起来的内容形式，反映了人们的生活和精神状态。其中，上面描述的一些感动人的感情和场景都是短视频中比较常见的内容，也是打造爆款内容不可缺少的元素。

短视频可以阐述“爱”这一主题，能让人心生温暖和产生爱。比如兄弟之间的友爱或夫妻之间相伴到老、爱护到老的爱情。

061 满足你爱美之心：具有高颜值

关于“颜值”的话题，从古至今，有诸多与之相关的成语，如沉鱼落雁、闭月羞花、倾国倾城等，除了表达漂亮之意，还附加了一些漂亮所引发的效果在内。可见，颜值高，还是有着一定影响力的，有时甚至会起决定作用。

这一现象同样适用于爆款短视频的打造。当然，这里的颜值并不仅仅指人，它还包括好看的事物、美景等。

从人的方面来说，除了先天条件外，想要提升颜值，有必要在自己所展现出来的形象和妆容上下功夫：让自己看起来显得精神，有神采，而不是一副颓废的样子，这样也是能明显提升颜值的；先化一个精致的妆容后再进行拍摄，更是轻松提升颜值的便捷方法。

从事物、美景等方面来说，是完全可以通过其本身的美再加上高深的摄影技术来实现的，如精妙的画面布局、构图和特效等，就可以打造一个高推荐量、播放量的短视频。

062 提供优质内容：注重实用价值

区别于上述介绍的 8 种纯粹为了欣赏和观看的爆款内容，此处要介绍的包含干货内容的爆款短视频是一种可以为用户提供有用、有价值的知识和技巧的短视频。

随着短视频行业的快速发展和行业的调整，在笔者看来，其他类型的短视频在受用户欢迎的程度上可能会发生大的变化，但对用户来说具有必要性的干货类短视频内容是不会随之湮灭的，还有可能越来越受重视，且极有可能日益积累的结构化的内容输出，慢慢地把自身账号打造成大的短视频 IP。

其实，相对于纯粹用于欣赏的短视频而言，干货类短视频有着更宽广的传播渠道。一般来说，凡是欣赏类的短视频可以推广和传播的途径，干货类短视频也可以推广和传播，但是有些干货类短视频可以推广和传播的途径，却不适用于欣赏类短视频的推广和传播。例如，专门用于解决问题的问答平台，一般就只适用于发表和上传有价值的干货类短视频，欣赏类短视频没有太多发展的余地。

一般来说，干货类短视频包括两种，换句话说，也就是干货类短视频的内容具有的特征，即知识性和实用性。

所谓“知识性”，就是短视频内容主要是介绍一些有价值的知识。例如，关于汽车、茶叶等某一行业方面的专业知识，这对想要详细了解某一行业的用户来说是非常有用的。

专家提醒

另外，一些介绍历史、文学常识的短视频，对人们来说既是有价值的干货内容，同时又具有一定的欣赏性。

所谓“实用性”，着重在“用”，也就是说用户看了短视频内容后可以把它们用在实际的生活和工作中。一般来说，实用性的短视频内容是介绍一些技巧类的实用功能的。仍然以上面曾提及的茶叶为例，如果说介绍茶叶类别的是知识性的干货类短视频，那么告诉大家一些炒茶、沏茶和清理茶具的方法和技巧就是实用性的干货类短视频。

063 关注话题热门：自带话题流量

短视频如果想吸引庞大的流量，就应该有效地借助热点来打造话题，紧跟潮流，这样做的好处有两点，具体分析如图 4-2 所示。

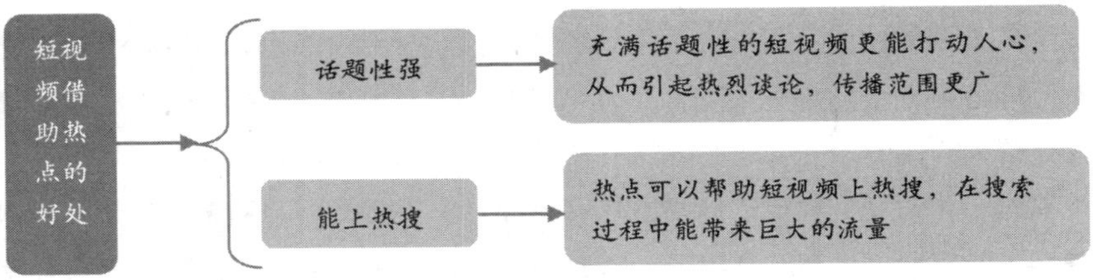

◆ 图 4-2　短视频借助热点的好处

而且，热点还包括不同的类型，涵盖了社会生活的方方面面，比如社会上发生的具有影响力的事件，或者富有意义的节日、比赛等，还有一些娱乐新闻或者电影、电视剧的发布也是热点的一部分。

吉列为打响品牌、推广产品而制作的短视频就是借助热点的典型案例。它紧扣“父亲节”这一热点，推出了“这个父亲节，去请教父亲吧！”的短视频广告。图 4-3 所示为吉列“这个父亲节，去请教父亲吧！”的截图画面。

◆ 图 4-3　吉列“这个父亲节，去请教父亲吧！”的截图画面

064 贴近生活：贴近用户心理需求

运营者和用户都是处于一定社会环境下的人，一般对生活有着莫名的亲近和深刻的感悟。因此，在制作短视频内容时，首先要注意贴近生活，这样才能接地气，引起用户关注。

具体说来，贴近人们的真实生活，有利于帮助人们解决平时遇到的一些问题，或者可以让人们了解生活中的一些常识。这一类短视频内容在平台上很常见。用户看到这一类短视频，都会基于生活的需要而忍不住点击播放。

贴近生活的短视频，比如吃螃蟹，该短视频内容就是围绕如何正确地吃螃蟹来说的，这对于爱吃螃蟹而不会吃的用户来说，是有价值的。且在推广时，在标题上就点明了该短视频内容的特点——简单易学，有利于加快推广。

065 建立人设：更能快速达到目的

所谓“人设”，就是人物设定的简称，它用来描述一个人物的基本状况，一般分为角色设计和人物造型等。而从具体的内容来说，人设主要包括人物的性格、外貌特征和生活背景等。

一般来说，人设是一篇故事得以继续下去和合理展现的重要因素，如果人设不合理，那么所展现出来的内容必然也是违反常规和逻辑的。另外，人设如果设置得好，那么，在吸引读者注意方面会起到画龙点睛的作用。

因此，在进行短视频运营时，有必要通过建立品牌人设来进行推广引流。其原因就在于如果能打造别具特色的、专属的品牌人设，形成固定风格，那么引导用户群体关注和提升忠诚度方面是非常有效的。比如，东鹏特饮塑造品牌人设的抖音短视频案例。

该案例中，都有“阿鹏”这一角色存在，他就是这一品牌塑造的清晰且年轻化的人设。在“东鹏特饮”抖音号的短视频内容中，通过阿鹏和相关人物的精彩演出，拉近了与东鹏特饮品牌的目标用户之间的距离，最终达到了扩大传播范围和提升用户黏性的目的。

那么，在品牌推广引流中，应该如何通过人设来提升效果呢？具体说来，其运营逻辑包括三大流程，如图 4-4 所示。

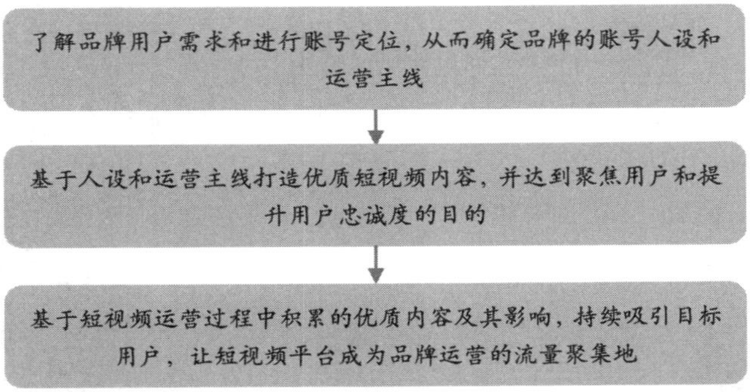

◆ 图 4-4　通过品牌人设来提升推广引流效果的流程

066 讲述故事：用户易懂更易接受

在打造优质的短视频时，要尽量向客户传达重点的信息，这里的重点不是营销人员认为的重点，而是客户的需求重点。那么，究竟哪些信息对客户而言是迫切需要了解的信息呢？笔者将其具体内容总结如图 4-5 所示。

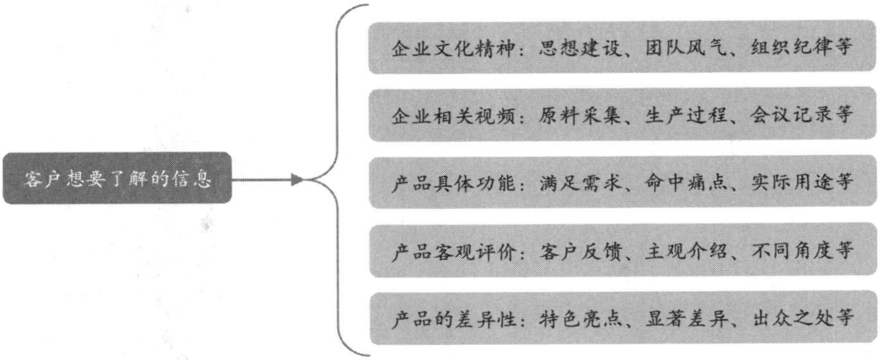

◆ 图 4-5　客户想要了解的信息

在短视频中传递这些信息内容时，为了避免让客户产生抵抗和厌烦心理，可以采取讲故事的形式来进行展示。因为客户对营销类内容很难一下子接受，所以如果企业在打造短视频时能够充分掌握客户爱听故事的这种心理，就能更加轻松地传递出自己的特色信息。

不同于单调死板的介绍，讲故事的方式能够很好地吸引住客户的注意力，让他们产生情感共鸣，从而更加愿意接受短视频中的信息。而且，故事与企业、产品、客户都密切相关，打造成故事的形式更容易。

所以，企业想要打造出受人欢迎和追捧的短视频，就应该从各个角度考虑、分析如何更好地用讲故事的方式来表达，如图 4-6 所示。

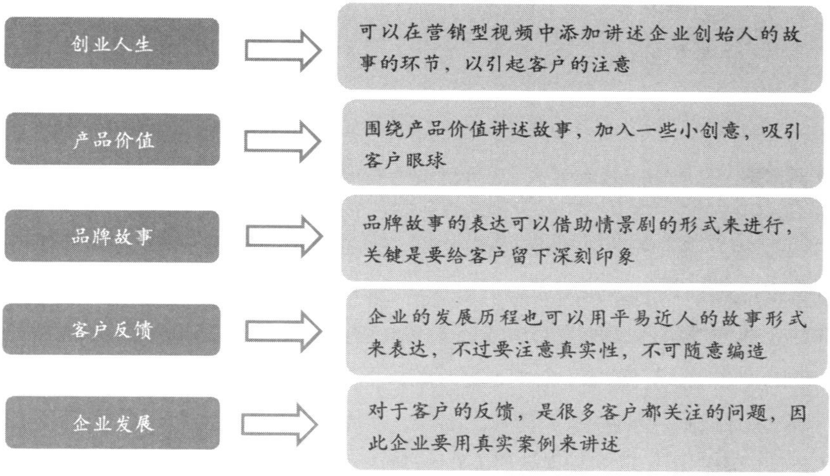

◆ 图 4-6　**用讲故事的方式打造短视频**

以 TOMS 品牌为例，它进行短视频推广时就是通过讲故事的方式表达的，其中不仅带入了品牌成长的故事，也融入了产品的理念，二者合二为一、相得益彰，如图 4-7 所示。

◆ 图 4-7　TOMS **用讲故事的方式推广品牌**

专家提醒

每个事物都有故事，而人们也喜欢倾听故事，从小时候看童话和寓言故事到长大了看电视剧、电影，人们一直都在聆听、观看别人的故事。因为人总是不满足于自身的故事，从而渴望从别人的故事中看到不一样的东西。因此，讲故事的方式容易抓住客户的痛点，使用得当会有意想不到的成效。

067 添加趣味：可增加用户喜爱度

在推广短视频时，如果适当在短视频内容中添加一些趣味，也可吸引用户的注意力。因为单单保证视频的质量还不够，重要的是让客户在观看了短视频后主动分享给身边的人，这样才会达到更好的传播效果。

那么，在向短视频中添加趣味的时候，具体应该怎么做呢？无非就是添加趣味的情节、使用充满趣味的解说词以及创新表达方式，总之离不开一个“趣”字，因为人们都喜欢接受充满快乐和新奇的事物，因此有趣的短视频总是招人喜爱的。

此类短视频首先在标题上就设置了一个令人感兴趣的话题——那个导演一定是一个脑洞大开的男孩，到底是怎样的呢？看到该标题，就能感受到其中充满趣味的内容和情节，从而引导用户点击播放。

在情节安排方面，也是趣味满满，如在作者制作冰激凌时，各种各样的动漫人物在奶油水果上面嬉笑打闹，这样就让冰激凌在人们心中更加形象生动等。

专家提醒

值得注意的是，让用户觉得视频有趣不是一件容易的事情，因为不是每个人的兴趣点都是完全一致的。因此，在向短视频中添加趣味时要仔细琢磨，最好从各个方面综合考虑，有针对性地进行趣味的添加。

068 强震撼力：眼前一亮视觉冲击

短视频的优势很多，但其给人最为显著和直观的感受就是富有震撼力和冲击力。那么，从哪些方面去做才能让短视频更富于张力呢？笔者将其方法总结为如图 4-8 所示。

而且，短视频的这一优势还可以从宣传整体、展示细节、直观全局以及细观局部等四大板块体现出来，意思就是企业在打造与产品相关的短视频内容时，要谨记从这 4 个方面去思考、去完善。

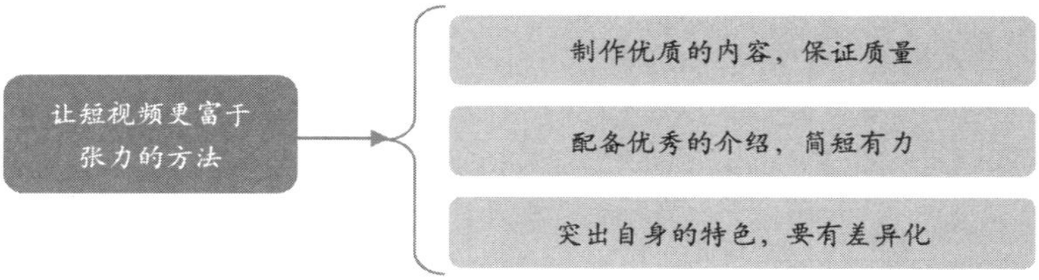

◆ 图 4-8　让短视频更富于张力的方法

以主打电器的松下为例，其推出的短视频就以大胆的创意、干净的色彩风格、简洁直观的讲解为主，给受众带来了极大的视觉冲击力和震撼力，并使其留下深刻印象，如图 4-9 所示。画面中出现了大海，可以让人将空调的风跟海风联系起来，使人觉得松下空调的风就像海风一样，让人身心愉悦。

◆ 图 4-9　松下电器创意风格短视频

专家提醒

短视频的这一优势不仅可以提升产品的销量，而且还能够帮助企业打响品牌、树立口碑，是不可多得的优势之一。企业要学会好好利用短视频进行推广，从而提升营销效果。

069 KOL 合作：提升影响力知名度

KOL，英文全称为 Key Opinion Leader，即关键意见领袖。这一类人一般具有 3 个基本特点，如图 4-10 所示。

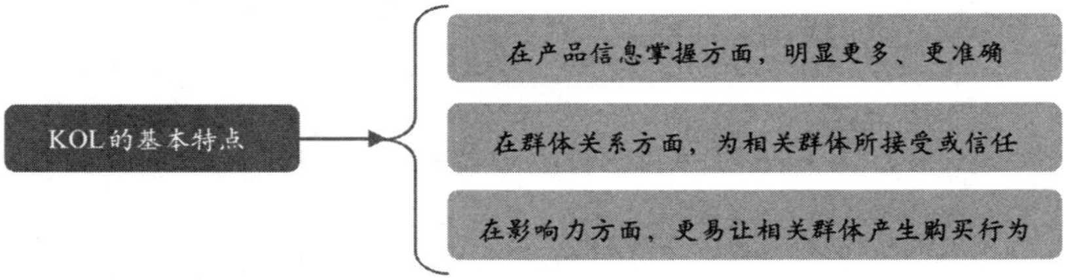

◆ 图 4-10　KOL 的基本特点

正是因为图 4-10 所示的这 3 个特点，使得有 KOL 参与企业食品广告在推广方面效果显著。对运营者来说，在短视频广告中找 KOL 进行合作，存在三大明显优势，如图 4-11 所示。

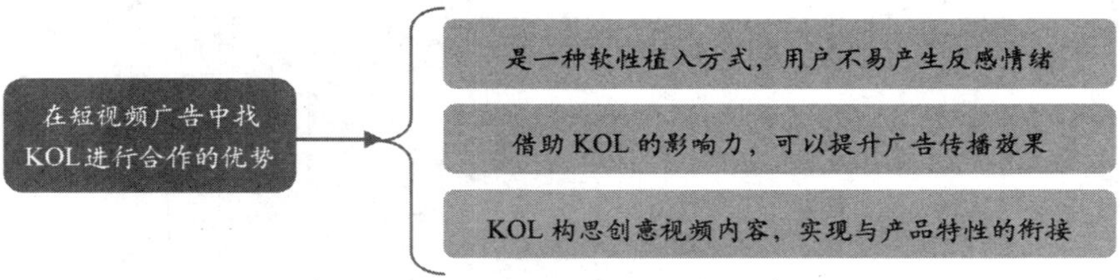

◆ 图 4-11　在短视频广告中找 KOL 进行合作的优势

可见，找 KOL 进行合作是一种有效的推广方法，是有利于提升产品、品牌知名度和信任度的，最终成功促进产品的销售。比如轻奢品牌 MICHAEL KORS 与时尚领域 KOL——@ 吴佳煜进行合作的案例。

除此之外，MICHAEL KORS 还与其他一些有着极大表现力的抖音达人、时尚博主进行了合作，如 @ 洁哥是女大神呐、@ 凌听雨和 @HiyaSonya 等，就是凭借这样的“短视频 +KOL”内容营销的方式，让 MICHAEL KORS 的曝光度增加，同时也使得其在我国时尚年轻社群中的品牌影响力得到了提升。

第5章

内容数据：平台智能分析

运营者在进行短视频运营的过程中，要想准确判断和了解运营的效果，就需要依靠数据来进行分析。

基于这一点，本章就从内容评估数据和效果评估数据两个方面来进行解读，以便指导读者更加清晰而准确地感知自己的运营和营销状态，为后续工作做好准备。

- ✧ 热门视频：总结短视频亮点与优势
- ✧ 推荐量：将短视频推荐给用户阅读
- ✧ 播放量：视频被多少用户点击观看
- ✧ 播放进度和跳出率：是否符合预期
- ✧ 播放时长：把握短视频内容的节奏
- ✧ 收藏量和转发量：短视频内容价值
- ✧ 点赞量：视频被多少用户喜欢认可
- ✧ 互动量：短视频被多少用户评论过
- ✧ 评论词云：了解抖音号的用户印象
- ✧ 播放完成度：80% 以上越多越好

070 热门视频：总结短视频亮点与优势

图 5-1、图 5-2、图 5-3 和图 5-4 所示分别为抖音短视频平台美妆类目的“李佳琦 Austin”“小桥驾到”“丽姐吖”和“王玄玄儿”播主的个人页面“最热”视频作品截图画面。

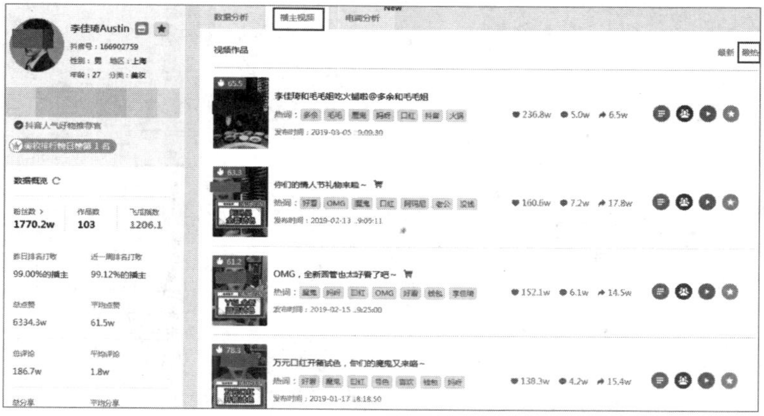

◆ 图 5-1 “李佳琦 Austin”抖音号最热视频作品截图画面

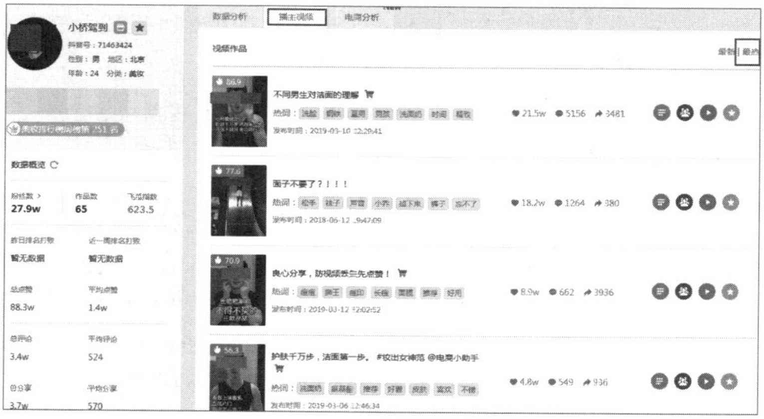

◆ 图 5-2 “小桥驾到”抖音号最热视频作品截图画面

◆ 图 5-3 “丽姐吖”抖音号最热视频作品截图画面

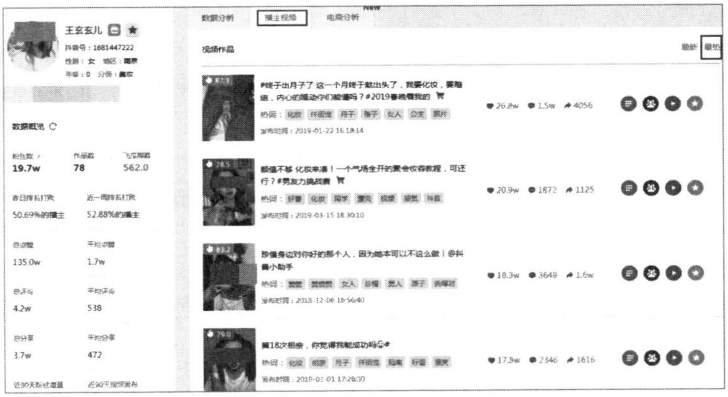

◆ 图 5-4 “王玄玄儿”抖音号最热视频作品截图画面

运营者可以在“播主视频”页面点击相应短视频，了解短视频的具体内容，并从众多点赞量高的视频内容中总结各个抖音号的短视频亮点和优势，从而为自身账号的内容运营提供方法和借鉴。

071 推荐量：将短视频推荐给用户阅读

在抖音短视频和西瓜视频平台上，推荐量都是一个非常重要的数据，能在很大程度上影响视频的播放量。当然，推荐量这一数据与文章质量紧密关联：质量好，契合平台推荐机制，那么当天发布的视频的推荐量就多；质量差，不符合平台推荐机制，那么当天发布的视频的推荐量就少。

那么，推荐量究竟是什么呢？推荐量就是平台系统得出的一个关于发布的视频会推荐给多少用户来阅读的数据。这一数据并不是凭空产生的，而是系统通过诸多方面的考虑和评估而给出的，而影响推荐量的主要因素有该账号在最近一段时间内发布视频的情况、短视频内容本身的用户关注热度等。

运营者可以通过登录头条号后台或西瓜短视频助手进行查看。在此，笔者以头条号后台的“西瓜视频”相关数据来进行介绍。

在头条号后台的“西瓜视频”页面，运营者可以在内容管理页面查看每一个短视频内容的推荐量。图 5-5 所示为西瓜视频中“手机摄影构图大全”的一个短视频的推荐量展示。

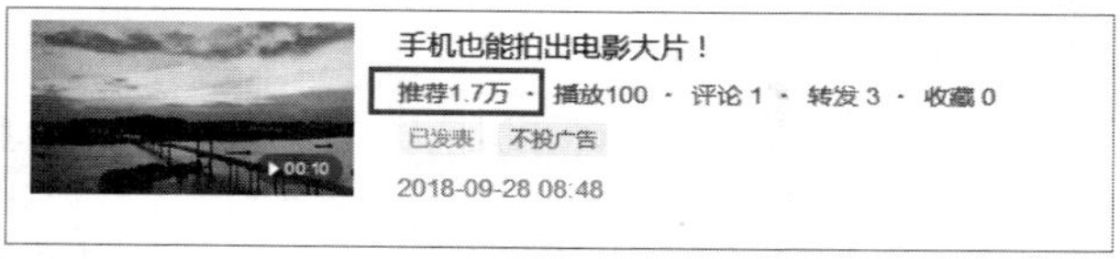

◆ 图 5-5　西瓜视频“手机摄影构图大全”的一个短视频的推荐量展示

072 播放量：视频被多少用户点击观看

在平台的数据分析中，有多个与播放量相关的数据，即具体视频的播放量、昨日播放量、昨日粉丝播放量、累计播放量等。其中，关于具体视频的播放量，运营者可以在“内容管理”页面的推荐量旁查看该数据。它表示有多少用户在该平台上观看了这一个短视频内容。

而其他 3 项播放量，运营者可以在头条号后台的“西瓜视频”的“数据分析”页面的“昨日关键数据”区域中查看，如图 5-6 所示。

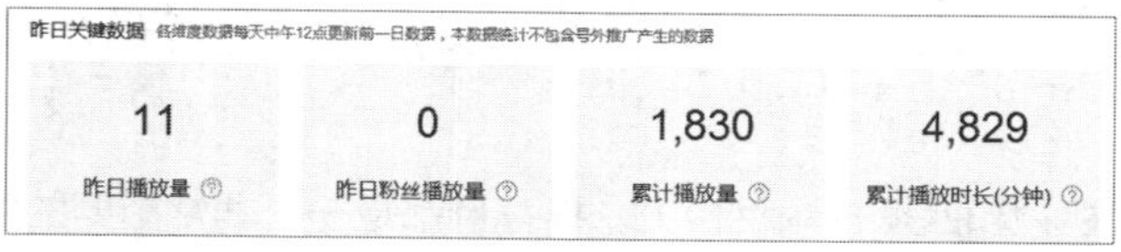

◆ 图 5-6　昨日关键数据区域

其中，“昨日播放量”是指昨日有多少用户观看了该视频；而“昨日粉丝播放量”是指有多少已成为自身账号粉丝的用户在昨日观看了该视频。就这样把每一天的“昨日播放量”相加，就成了“累计播放量”。

当然，“昨日播放量”和“昨日粉丝播放量”在平台是每天都有记录的，这样就构成了“每日关键数据趋势图”中的“播放量”和“粉丝播放量”数据，如图 5-7 所示。运营者可以查看 30 天内的数据。

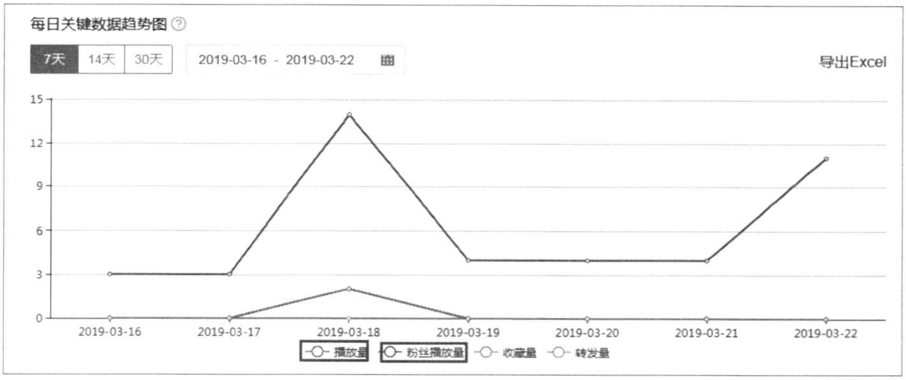

◆ 图 5-7　“每日关键数据趋势图”中的“播放量”和“粉丝播放量”

073　播放进度和跳出率：是否符合预期

在头条号后台的“西瓜视频”的“数据分析”页面，运营者可以看到该页面是由 3 个大的区域组成的，即“昨日关键数据”“每日创作者视频总计数据明细表”和“每日发布视频实时统计数据明细表”。

前面两个在上文中都已提及，至于后面一大区域，如果运营者要查看某一视频的平均播放进度和跳出率，则可以在“每日发布视频实时统计数据明细表”中，选择一个视频，单击“操作”栏下方的“详细分析”按钮，进入该视频的“视频分析”页面进行查看，如图 5-8 所示。

其中，“平均播放进度”是指所有观看用户对该视频的平均播放完成度；“跳出率”是指所有观看用户中，播放时长小于 3s 的用户占比。在运营过程中，这两个数据的高低是会影响初始推荐量外的推荐量的。

◆ 图 5-8　查看“平均播放进度”和“跳出率”

因为视频的播放进度占比过低、跳出率过高，就说明更多的用户受标题和封面的吸引而点击播放了，但是由于视频内容与预期不符甚至相差较大而感到失望，从而放弃继续观看。这样的话，很容易被认定为标题党，该结果是违背平台规则的。因此，平台也会基于这一结果而减少推荐量。

074 播放时长：把握短视频内容的节奏

关于播放时长，上述图 5-5、图 5-6 和图 5-7 中都有与之相关的数据，分别是“累计播放时长”、每日“播放时长”以及具体视频的“播放时长”与“平均播放时长”。

其中，前两者都是相对于平台发表的所有视频来说的，表示在该平台上用户一共花费了多少时间来观看该账号发布的所有视频、每一天又具体花费了多长时间来观看该账号发布的所有视频。而这两个数据，又是建立在具体的视频内容基础之上的。只要运营者每天发布一些优质的视频内容，那么何愁播放时长不长呢？

具体视频的“播放时长”与“平均播放时长”是运营者需要重点分析的，它们是运营者找到用户观看视频时痛点的必备数据，且这两个数据是有关系的，即平均播放时长 = 播放时长 / 播放量。

这样看来，“平均播放时长”，顾名思义，即所有观看用户平均观看该视频的时长。把“平均播放时长”和 073 小节中的“平均播放进度”放在一起来进行分析，可以帮助运营者了解视频内容的吸引力，特别是内容节奏的把握，具体内容如下。

▶ 了解用户一般会在什么时间离开，离开时附近大概是些什么内容。

▶ 了解视频内容中该时间附近有哪些内容是让用户离开的关键所在。

075 收藏量和转发量：短视频内容价值

在头条号后台的“西瓜视频”的“数据分析”页面，“每日创作者视频总计数据明细表”和“每日发布视频实时统计数据明细表”中，除了“播放量”和“播放时长（分钟）”外，二者共有的数据还有“收藏量”和“转发量”。

可见，在对视频内容进行评估时，“收藏量”和“转发量”都是关键数据，它们都是用来衡量短视频内容价值的。

❶ 收藏量

收藏量，表示的是有多少用户在观看了视频之后，想要将视频内容进行收藏，以备后续观看。这一数据代表了用户对内容价值的肯定。

试问，如果用户觉得视频内容没有价值，那么他（她）还会耗费终端有限的内存来收藏一个毫无价值和意义的视频吗？答案当然是否定的。可见，只有当视频内容对用户来说有价值，他们才会毫不犹豫地选择收藏。

对运营者来说，如果想提高收藏量，首先就要提升视频内容的推荐量和播放量，并确保短视频内容有实用价值。只有高的推荐量和播放量，才能在大的用户基数上实现收藏量的大的提升；只有视频内容有实用价值，如能提升用户自身技能、能用在生活中的某一方面等，才能让用户愿意收藏。

❷ 转发量

与收藏量一样，转发量也是可以用来衡量视频内容价值的。它表示的是有多少用户在观看了视频之后，觉得它值得分享给别人。一般来说，用户把观看过的短视频转发给别人，主要基于两种心理，具体分析如图 5-9 所示。

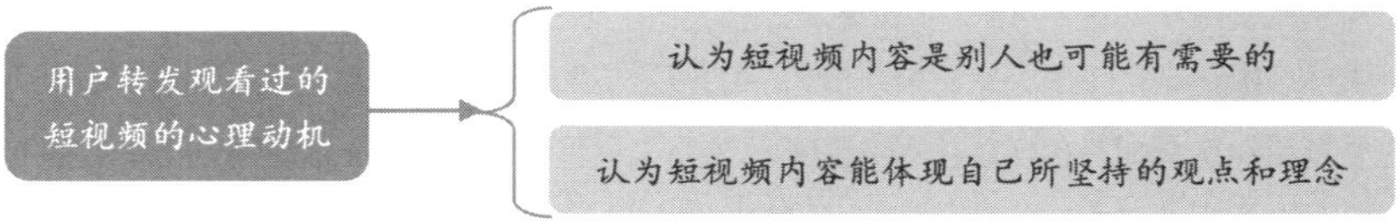

◆ 图 5-9　用户转发观看过的短视频的心理动机

同是用来衡量短视频内容价值，转发量与收藏量还是存在差异的——它更多的是基于内容价值的普适性而产生转发行为。从这一点出发，运营者想要提高转发量这一内容评估数据量，就应该从 3 个方面着手打造短视频内容，提升内容价值，如图 5–10 所示。

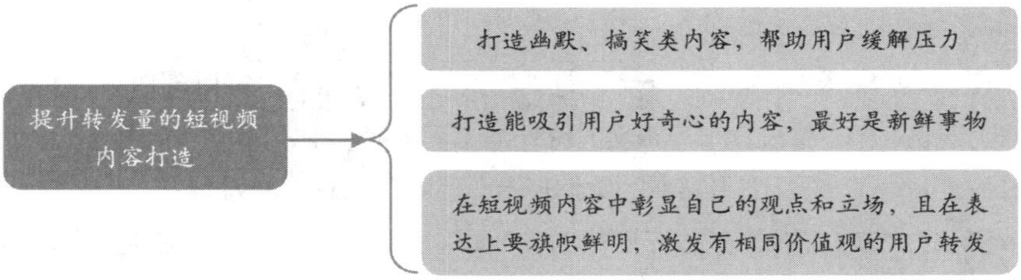

◆ **图 5–10　提升转发量的短视频内容打造**

076 点赞量：视频被多少用户喜欢认可

在抖音平台上，点赞数可以说是评估短视频内容的最重要的数据。对用户来说，只要内容中存在他（她）认可的点，就会发生点赞行为：用户会因为短视频中，所包含的正能量而点赞，也会因为其中所表露出来的某种情怀而点赞，还会因为播主某方面出色的技能而点赞，更有可能因为短视频中的漂亮的小哥哥、小姐姐而点赞……

在“抖音短视频”APP 中，用户可以查看的点赞数有两个，即抖音号的点赞数和具体短视频的点赞数。其中，抖音号的点赞数，运营者可以在抖音号主页查看。而具体短视频的点赞数，会显示在短视频的播放页面。

无论是抖音号的点赞数还是具体短视频的点赞数，不同的账号、不同的内容，其点赞数的差别很大，可以达数百万、数千万人次，少的甚至有可能为 0。对抖音号的点赞数而言，当然是越多越好。但是在评估抖音号的运营内容时，还需要把总的点赞数和具体内容的点赞数结合起来衡量。

其原因就在于可能某一抖音号的点赞数完全是由某一个或两个短视频撑起来的，而其他短视频内容的点赞数平平。此时运营者就需要仔细分析点赞数高的那些短视频内容到底有哪些方面是值得借鉴的，并按照所获得的经验一步步学习、完善，力求持续打造优质短视频内容，提升抖音号整体的运营内容价值。

077 互动量：短视频被多少用户评论过

在头条号后台的“西瓜视频”的“视频数据”页面，“每日发布视频实时统计数据明细表”中的“评论数”就相当于“互动量”，这一数据可以从用户的评论明细中看出，除了“互动量”，在具体视频的“视频分析”页面中的“文章详情”柱形图中还可以显示“收藏量”，运营者把鼠标指针移至“收藏量”区域上方，会显示具体数据，如图 5-11 所示。

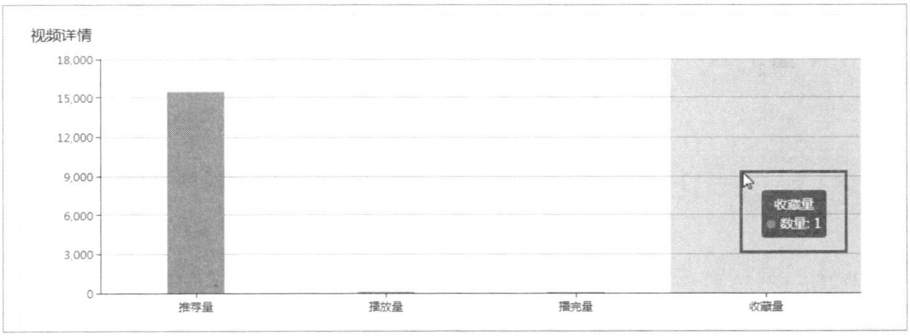

◆ 图 5-11 “视频分析”页面中的“文章详情”柱形图的“收藏量”显示

用户对视频进行收藏时，是觉得这个视频有价值所以才收藏的，但是用户对视频进行评论，并非完全是偏向好方面的评论，也有批评和吐槽的内容存在。因此，如果运营者想了解更多的互动信息，可以查看视频的具体评论，以便对内容进行更详细的评估。

基于此，运营者可以在“西瓜视频”模块下的“评论管理”页面查看“最新评论”和“视频评论”。其中，“最新评论”显示的是最近的评论，而“视频评论”可以显示所有发表的视频内容的相关评论。

因此，运营者可以在“视频评论”页面选择具体的视频，然后查看其评论内容。图 5-12 所示为“手机摄影构图大全”头条号发表的一则视频的评论内容。

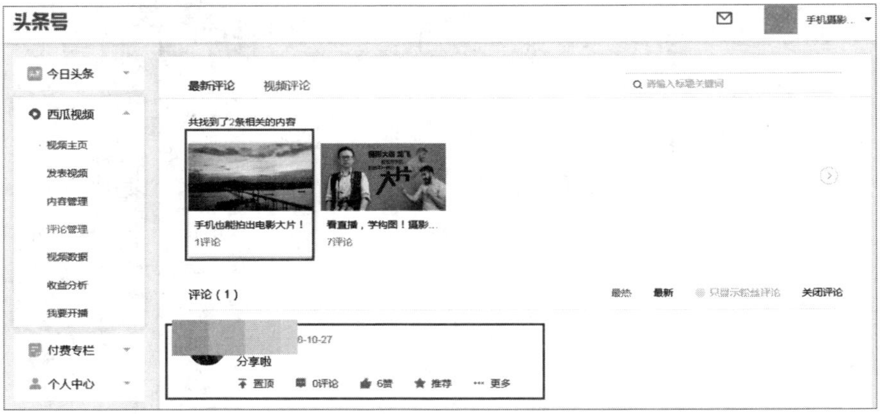

◆ 图 5-12 “手机摄影构图大全”头条号发表的一则视频的评论内容

078 评论词云：了解抖音号的用户印象

图 5-13 ~ 图 5-16 所示分别为抖音短视频平台美妆类目的“李佳琦 Austin”“小桥驾到”“丽姐吖”和“王玄玄儿”各个播主的评论词云。

通过抖音号的评论词云展示图，运营者可以直观、清晰地知道某一抖音号在用户心中的印象。由图 5-15、图 5-16、图 5-17 和图 5-18 可知，其中最突出的用户评论内容是“好看”和“喜欢”，且这样的评论内容是基于短视频的内容和质量来说的，优质的、好看的短视频获得了用户的肯定和赞赏，从而用户由衷地给出了“喜欢”的肯定评论。

◆ 图 5-13 “李佳琦 Austin”抖音号评论词云

◆ 图 5-14　“小桥驾到”抖音号评论词云

◆ 图 5-15　“丽姐吖”抖音号评论词云

◆ 图 5-16　“王玄玄儿”抖音号评论词云

除此之外，“化妆”也是抖音号的评论词云中出现的频率高且比较显眼的评论词。可见，在短视频的题材选择方面，关于化妆这一内容类型的短视频明显更受抖音用户关注。

相较于“小桥驾到”“丽姐吖”和“王玄玄儿”这三个抖音号，“李佳琦Austin”抖音号的评论词云中除了“好看”这一个与其他三个抖音号相同的评论词外，还有更显眼的“口红”“OMG”“魔鬼”“推荐”和“佳琦”等稍次一点点的评论词。

其中，“口红”是指化妆里面很重要的彩妆类目，“佳琦”则是抖音号名称，也是博主的名字，“OMG”是博主在短视频中的口头禅，“魔鬼”则是粉丝对“李佳琦”的爱称，而其评论词也恰好体现了“李佳琦 Austin”抖音号的账号介绍和定位，即“佳琦 + 推荐 + 好看 + 口红”。

在“西瓜短视频助手”后台的“评论词云”中，运营者只要点击左侧中相应的评论词或在右侧上方的搜索框中输入关键词，右侧搜索框下方即会显示与该评论词相关的评论内容。图 5-17 所示为“李佳琦 Austin”抖音号的评论词“口红”的搜索结果。

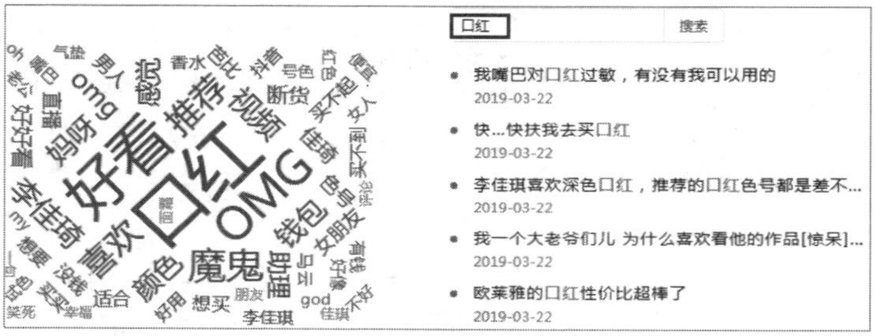

◆ 图 5-17 “李佳琦 Austin”抖音号的评论词“口红”的搜索结果

079 播放完成度：80% 以上越多越好

“播放完成度”与“平均播放进度”联系紧密，前面已经说过，“平均播放进度”就是所有观看用户对该视频的平均播放完成度，它是各个区间的播放完成度的平均值。在头条号后台的具体视频的“视频分析”页面中，有一个统计了某一视频的各区间的完成度占比饼图。

图 5-18 所示为“手机摄影构图大全”头条号发表的一则视频的播放完成度分析饼图。把鼠标指针移至某一色块上，就会显示该色块所代表的完成度区间的用户数和占比。

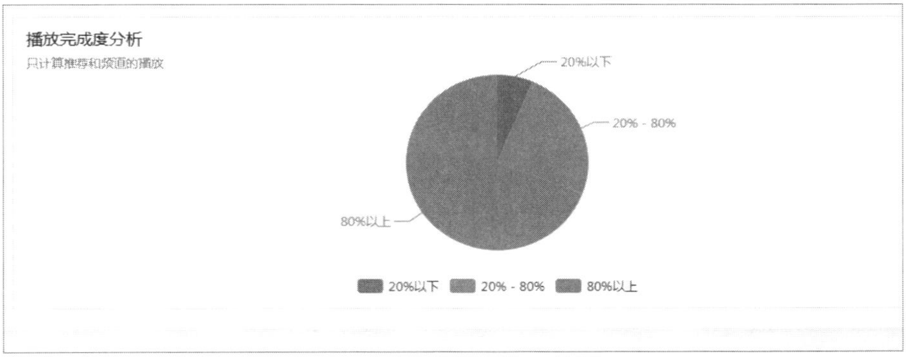

◆ 图 5-18 “手机摄影构图大全”头条号发表的一则视频的播放完成度分析饼图

在播放完成度分析饼图中，完成度越高的区间所代表的色块面积越大，在整个饼图中占比越大，就表示该视频内容还是符合用户预期的，是值得一看的。

就如图 5-18 所示的视频内容的播放完成度，完成度达 80% 以上的用户最多，完成度在 20% 以下的用户最少，表示受标题和封面图片吸引而点击播放该视频的用户，大多数观看了视频内容或者直到视频接近末尾时才选择退出。

第6章

流量变现：挖掘商业价值

流量变现已经是各大互联网平台最常见的变现方式了，流量变现中最主要的变现方式是广告，在一个平台，不管是浏览量还是点击数，都是影响流量的重要因素，在这个以互联网为主的现代社会，变现依然是一个很重要的话题。

本章主要来讲讲如何利用流量变现，来实现个人在其平台的商业价值。

- ✧ 精彩推荐：流量变现
- ✧ 贴片广告：优势明显
- ✧ 植入广告：创意优势
- ✧ 品牌广告：量身定做
- ✧ 冠名商广告：影响力
- ✧ 浮窗 LOGO：优缺点
- ✧ 直播变现：粉丝变现
- ✧ 流量变现：线上线下
- ✧ 自营电商：人气支持
- ✧ 第三方店铺：涨销量

080 精彩推荐：流量变现

广告是所有抖音达人最直接的一种变现方式，如果达人没有自己的店铺、产品或者品牌，那么接广告来变现是最合适的。目前，抖音已上线对接广告资源合作的星图平台，主要接广告的方式有广告公司派单、广告主主动找到达人、达人主动寻找广告主和签约 MCN 机构等。当用户的抖音号有一定数量的粉丝和稳定的播放量后，广告主就会主动找上门来，可以通过帮他们发软广、硬广的方式来变现。

细心的用户可能会发现，曾一度备受追捧的抖音精选标签已经悄然消失，取而代之的是为商家打开的软广大门——“精彩推荐”。抖音小助手的官方抖音账号每周都会发出一条“抖音 1 周精品”的视频合辑，向观看抖音的用户展示既彰显个性又创意十足的精选视频，如图 6-1 所示。

◆ 图 6-1 “抖音 1 周精品”和“精彩推荐”功能

抖音精选标签下线后，新发布的视频不再加“精选”字样，当然以前“加精”的视频图标也不会被去掉。随着精选标签的下线，抖音在消息页面的入口处增加了一个新消息模块——“精彩推荐”，每天更新 1 条官推的精彩视频。点入官推的视频后，页面与正常刷首页推荐流展示的视频一样，无广告标签，但所有官推视频都与软广植入有关，下面通过案例来进行分析。

☆ 案例一：软广植入视频的文案是：“没有美术功底的我最近学了简笔画，最近做了一个小猪佩奇的勺。”视频内容其实是在推广一个头条号，主要展现手工木制品制作过程，充满创意，整个软广植入毫无违和感。

☆ 案例二：一个比较有新意的画风，在一块大石头上面插上一个大龙虾，并且大龙虾在石头上面跳舞，推广的是今日头条上的电商功能和“山货公益”等内容，充满新意的内容让观看者更容易接受软广的植入。

☆ 案例三：懂车帝 APP 官方抖音账号发布的与汽车有关的三条知识，以科普的形式推广品牌认知度，但由于创意与其他“精彩推荐”的短视频比起来稍显不足，点赞数并没有过万。相反，在懂车帝的官方抖音号发布的其他的短视频中，有一条短视频点赞量上了几百万，视频是与汽车有关的反转式剧情微电影，讲述的内容传播了社会正能量，更受用户的喜爱。

☆ 案例四：有关“皮皮虾”的软广视频，在内容设计上可谓做足了前戏。剧情大背景设立在生活中常见的老板开会的场面，以一个老板讲笑话为主题，那么此时的员工怎么办呢？

会议中的每个人都有内容独白，员工的内容独白的中心思想则是不管老板的笑话再冷再不好笑也得笑，这时女主点开了皮皮虾的视频软件，软件里面的内容让女主笑得很真实很大声。从这个视频就可以看出皮皮虾这个平台真的很好“笑”。显然，这个皮皮虾软件的主旨就是娱乐大家，这个视频刚好宣传了该软件的中心思想，虽然是一条搞笑视频，但网友都纷纷在评论中感慨“原来是一条广告！”

☆ 案例五：推广少儿英语学习网站的软广，在达人的选择上契合度很高，视频的原创作者擅长用一口流利的英语讲一些生活中的搞笑段子，并加以风趣幽默的演绎。在视频内容的创作上，创作者从“80 后”“90 后”的英语课堂授课方式开始调侃，以回忆激起观众的好奇心，最后以搞笑的方式引出与众不同的新式英语教学方式，给人以“广告来得猝不及防”之感。

从上述 5 个案例中可以发现，“精彩推荐”中官方每日推送的抖音视频虽然都是以软广植入为主，但内容不乏新意。品牌调性与达人风格高度契合，让关注的粉丝因为对达人的信任，从而对品牌有更好的印象，达到投放预期效果。

随着越来越多的品牌主开始在抖音上寻找契合的达人进行广告投放，大量的软广植入视频也出现了内容良莠不齐的现状，甚至招来了粉丝的反感，这对达人和品牌双方来说都是一种伤害。抖音官方上线的“精彩推荐”无疑为达人和品牌主树立了一个广告内容植入的风向标，促进品牌内容生产，保证视频质量。

081 贴片广告：优势明显

贴片广告是通过展示品牌本身来吸引大众注意的一种比较直观的广告变现方式，一般出现在片头或者片尾，紧贴着视频内容。图 6-2 所示为贴片广告的典型案例，品牌的 LOGO 一目了然。

◆ 图 6-2　贴片广告的典型案例

贴片广告的优势有很多，这也是它比其他的广告形式更容易受到广告主青睐的原因，其具体优势如图 6-3 所示。

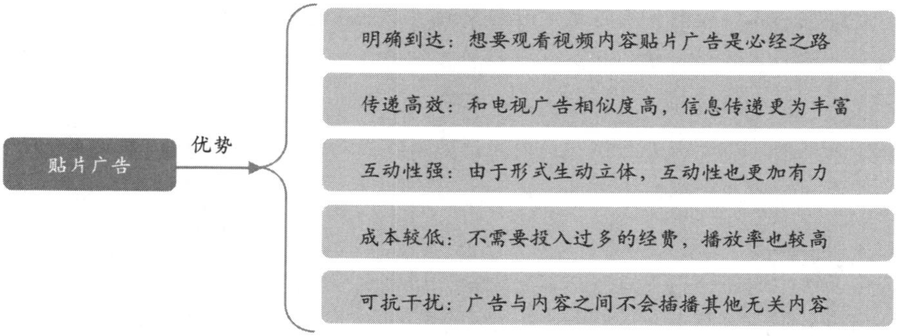

◆ 图 6-3　贴片广告的优势

082 植入广告：创意优势

在短视频中植入广告，即把短视频内容与广告结合起来，一般有两种形式：一种是硬性植入，不加任何修饰地硬生生地植入视频之中；另一种是创意植入，即将短视频的内容、情节很好地与广告的理念融合在一起，不露痕迹，让观众不容易察觉。相比较而言，很多人认为第二种创意植入的方式效果更好，而且接受程度更高。

如图 6-4 所示为抖音在 2018 年的创意广告，从画面开头出现一个狗头，其实这是在暗示抖音里面有一个很好玩的道具功能，在抖音的拍摄界面，如图 6-5 所示，里面有很多的类别，比如热门、装饰、滤镜和搞笑等。

◆ 图 6-4　抖音在 2018 年的创意广告

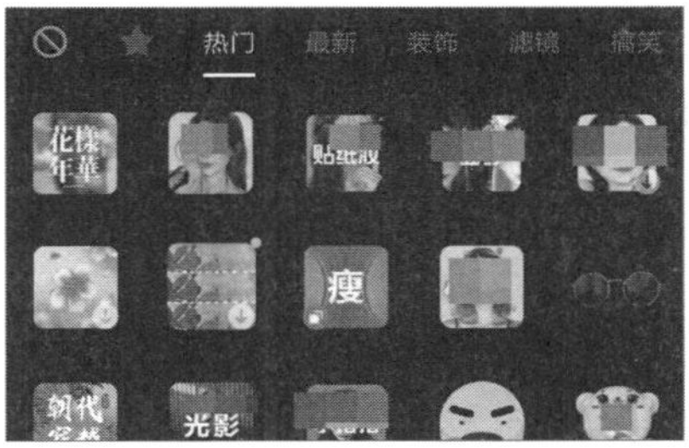

◆ 图 6-5　抖音中的道具功能

然后，抖音的这个宣传广告整体是以音乐的形式在表达的，有点类似 MV，这方面就是在标识，抖音是一个以音乐为主的短视频 APP。在广告中，各种情节都有，有旅行的、做菜的、游泳的等。这里就是在标识抖音是一个多元化的软件。总的来说，这个广告非常有新意，整个画面看上去也非常舒服。

在短视频领域中，广告植入的方式除了可以分为“硬”广和“软”广，还可以分为台词植入、剧情植入、场景植入、道具植入、奖品植入以及音效植入等方式，具体介绍如图 6-6 所示。

台词植入 → 视频主人公通过念台词的方法直接传递品牌的信息、特征，让广告成为视频内容的组成部分

剧情植入 → 将广告悄无声息地与剧情结合起来，如演员收快递时、吃的零食、搬的东西以及逛街买的衣服等，都可以植入广告

场景植入 → 在视频画面中通过一些广告牌、剪贴画、标志性的物体来布置场景，从而吸引观众的注意

道具植入 → 让产品以视频中的道具身份现身，道具可以是各种物品，比如手机、汽车、家电、抱枕等

奖品植入 → 很多自媒体人或者网红为了吸引用户的关注，让短视频传播的范围扩大，往往会采取抽奖的方式来提升用户的活跃度，激励他们点赞、评论、转发。同时他们不仅会在微博内容中提及抽奖信息，也可能会在视频结尾植入奖品的品牌信息

音效植入 → 用声音、音效等听觉方面的元素对受众起到暗示作用，从而传递品牌的信息和理念，达到广告植入的目的。比如各大知名的手机品牌都有属于自己独特的铃声，使得人们只要一听到熟悉的铃声，就会联想到手机的品牌信息

◆ 图 6-6　视频植入广告的方式举例介绍

083 品牌广告：量身定做

品牌广告的意思就是以品牌为中心，为品牌和企业量身定做的专属广告。这种广告形式从品牌自身出发，完全是为了表达企业的品牌文化、理念而服务，致力于打造更为自然、生动的广告内容。这样的广告变现更为高效，因此其制作费用相对而言也比较昂贵。

以抖音上达人围绕果果家女装（GGWOMEN）品牌打造的一则视频广告为例。

在短视频中，通过不同的场景展示了多款闺密装，然后通过参与话题活动“#闺密”“# 穿搭”“# 陪你过冬天”，整个视频广告都围绕“闺密”展开，自带话题

性和用户归属感，吸引用户眼球。当视频展示一段时间后，适合植入引导用户购买的更清晰的链接，短时间内就吸引了 150 多万名用户去查看。

像用这种方法宣传品牌广告的案例还有很多，大多是其平台和淘宝是一体的，抖音上的“羊城故事家”和淘宝上的“羊城故事家”也是一体的。

同样，“羊城故事家”也用了跟果果家一样的营销方式，那就是打造闺密装，最近新发布的几个短视频也大多是闺密视频。连淘宝上面的直播活动也是“狂欢新势力，闺密来袭”字样。

在这样的情况下，想要让用户购买和实现短视频营销变现也就更容易了。由此可见品牌广告的变现能力是相当高效的。与其他形式的广告方式相比针对性更强，受众的指向性也更加明确。

084　冠名商广告：影响力

冠名商广告，顾名思义，就是在节目内容中提到名称的广告，这种打广告的方式比较直接，相对而言较生硬。主要的表现形式有三种，如图 6-7 所示。

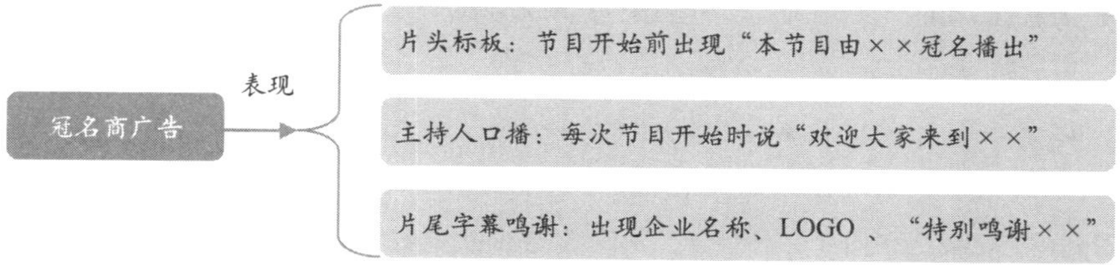

◆ 图 6-7　冠名商广告的主要表现形式

在短视频中，冠名商广告同样也比较活跃，一方面企业可以通过资深的自媒体人（“网红”）发布的短视频打响品牌、树立形象，吸引更多的忠实客户。另一方面短视频平台和自媒体人（网红）可以从广告商方面得到赞助，双方成功实现变现。

比如，美拍短视频平台的红人“大胃王朵一”发布的关于“金宏兴”的短视频，画面中展示了金宏兴的品牌标识。

还有东方卫视的一个综艺节目《欢乐喜剧人》，它的冠名商是拼多多。像这种冠名商广告有很多，基本是在电视节目中应用得比较广泛。

专家提醒

需要注意的是，冠名商广告在短视频领域的应用还不是很广泛，原因有两点：一是投入资金比例大，因此在选择投放平台和节目时会比较慎重；二是很多有人气、有影响力的短视频自媒体人不愿意将冠名商广告放在片头，而是放在片尾，目的是不影响自己视频的品牌性。

085 浮窗 LOGO：优缺点

浮窗 LOGO 也是广告变现形式的一种，即视频在播放的过程中悬挂在视频画面角落里的标识。

这种形式在电视节目中经常可以见到，以综艺节目《极限挑战》为例，右下角是天猫国际的浮窗 LOGO。但在短视频领域应用得比较少，可能是因为广告性质过于强烈，受到相关政策的限制。

以开设在爱奇艺视频平台的旅行短片栏目《大旅行家的故事》为例，由于其短视频主人公查理是星途游轮代言人，因此视频节目的右下角也设置了浮窗 LOGO。文字和图标的双重结合，不影响整体视觉效果。

浮窗 LOGO 是广告变现的一种巧妙形式，同样它也是兼具优缺点的。那么具体来说，它的优点和缺点分别是什么呢？笔者将其总结为如图 6-8 所示。

优点	展现的时间长，而且不会过多地影响观众的视觉体验
缺点	一般放在画面的角落等隐蔽的地方，特别容易被用户忽视

◆ 图 6-8　浮窗 LOGO 的优点和缺点

专家提醒

由此可见，浮窗 LOGO 的优点也是它的缺点，具有两面性，但总的来说，它还是不失为一种有效的变现方式。自媒体人或者网红如果想要通过广告变现获得收益，不妨可以试试这一利弊兼具的模式。

086 直播变现：粉丝变现

抖音官方曾表示，“很多达人已经积累了大量的粉丝，他们也有变现的需要，而直播是一种已被验证的变现方式。此外，抖音的用户主要分布在一二线城市，消费能力也比较强”。

开屏广告、信息流广告、贴纸产品、达人合作产品等广告形式在抖音上已很常见，购物车功能也展现了抖音平台电商流量转化的可能性。对于正在尝试各种变现方式的抖音来说，已被上半场验证有效的直播不可错过。

抖音开直播对变现的主要意义在于布局内容电商，直播平台本身的盈利模式无非是广告加礼物，这两个赢利点都需要流量的支撑。抖音利用短视频在前期累积的大量粉丝，将凸显变现优势。

目前，抖音直播的抖币和人民币的兑换比例为 10 ∶ 1，也就是说一块钱可以购买 10 个抖币，如图 6-9 所示。主播分成在不签约的情况下是 3 ∶ 7，可以通过银行卡和支付宝进行提现，如图 6-10 所示。除了抖币收入，抖音开通直播功能以后，导购可以变得更加简单。

抖音从提供外链淘宝购物车、上线自有店铺入口，到开通关注直播、热门直播，为“网红”达人入驻，进行电商的落地和交易铺平了道路，在内容电商的路上不断埋下伏笔。

笔者猜测，“头腾大战”（今日头条与腾讯）硝烟弥漫，拥抱淘宝加速内容电商，或许是抖音将长久布局的发展方向。

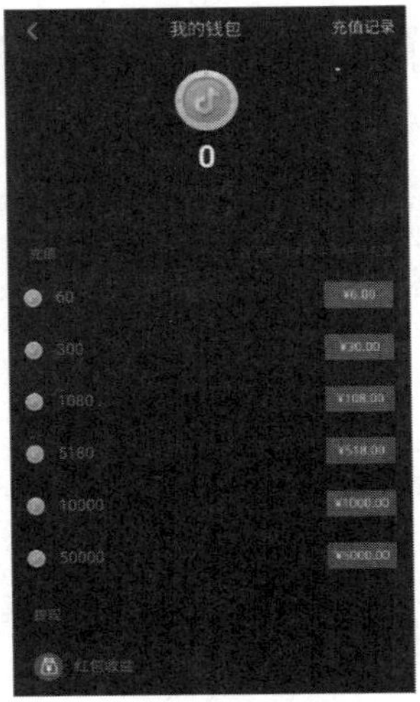

◆ 图 6-9　兑换比例

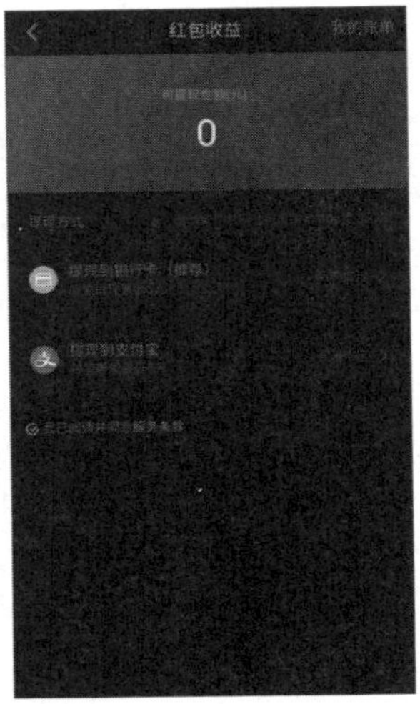

◆ 图 6-10　提现方式

087 流量变现：线上线下

抖音上的精准流量板块较大，例如美妆类账号，可以用来做美妆产品变现，也可以用来做教程知识付费。精准流量主要分为线上、线下两块。下面分别进行介绍。

❶ 线上精准流量

粉丝认为你的内容对他有价值，就会愿意去为内容付费，因此精准流量是内容变现的重要前提。“抖音＋微信”就是线上精准流量变现的最佳方式，用户可以将自己的抖音粉丝引流至个人微信号、微信公众号、微信小店、微信商城以及微信小程序等渠道，更好地让流量快速变现。

例如，“二丑签名”就是结合抖音与微信小程序来实现变现的，通过在抖音上将账号和简介区设置为个人微信号，吸引有签名设计需求的粉丝关注，同时在微信上提供付费签名设计服务，来实现线上精准流量的变现，如图 6-11 所示。

❷ 线下精准流量

在抖音中，凡是某些企业方想做线下流量带动产品销量的，都叫作线下精准流量。例如，2018 年 1 月，一个昵称为“答案茶 Answer Tea 秋涵”的用户在抖音上传第一条视频，视频主角是一杯会“占卜”的“戏精”奶茶。无论用户有什么么问题，揭开杯盖顶部贴纸答案就会浮现。

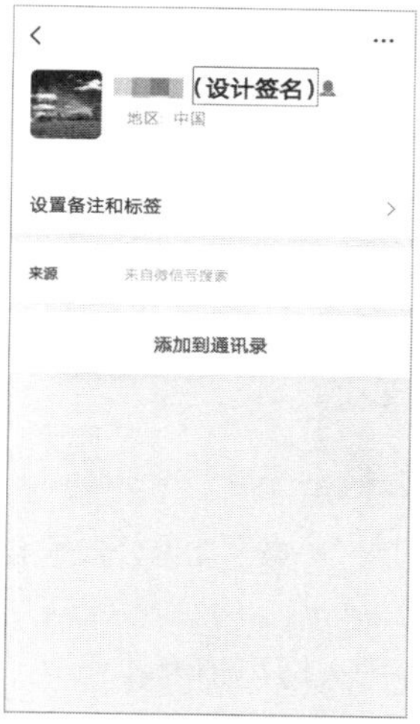

◆ 图 6-11　“二丑签名”的线上精准流量变现案例

这条视频当天播放量就达到 40 多万次，第二天更是直冲到 883 万次，评论区被“求加盟”“求答案”的信息刷爆。于是“秋涵”和她的合伙人迅速在郑州开了第一家店，结果门口排起长龙，甚至一天就接入了 8000 多个加盟咨询电话。不到半年时间，答案茶已有 249 家加盟店。

088 自营电商：人气支持

电商与短视频的结合有利于吸引庞大的流量，一方面短视频适合碎片化的信息接受方式，另一方面短视频展示商品更加直观动感，更有说服力。如果短视频内容能与商品很好地融合，那么无论是商品卖家，还是自媒体人，都能获得较多的人气和支持。

著名的自媒体平台“一条”是从短视频发家的，后来它走上了“电商 + 短视频”的变现道路，盈利颇丰。如图 6-12 所示为“一条”微信公众号推送的内容——不仅有短视频，还有关于自营商品的巧妙推荐。

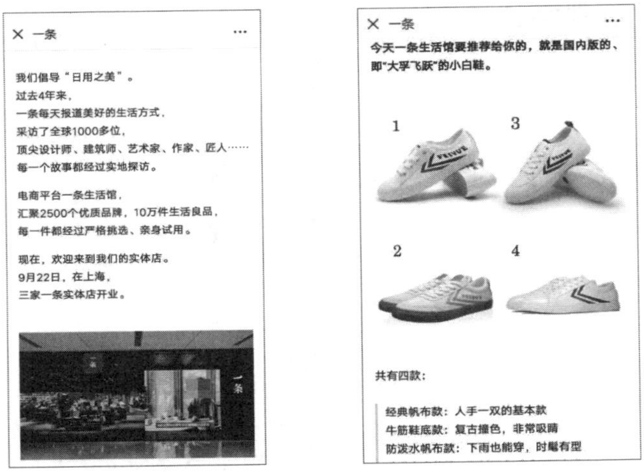

◆ 图 6–12 “一条”微信公众号推送的内容

“一条”不仅把商品信息嵌入短视频内容之中，还设置了“生活馆”和“一条好物”两大板块，专门售卖自己经营的商品。图 6–13 所示为“一条”自营商品入口及“一条生活馆”页面。

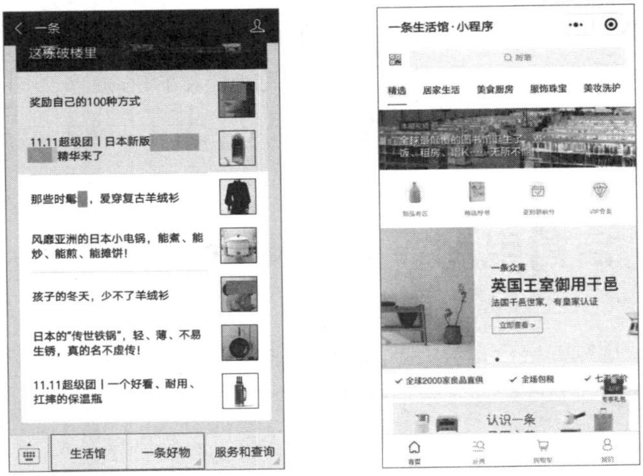

◆ 图 6–13 “一条”自营商品入口及“一条生活馆”页面

除了在微信公众平台推送自营商品的信息之外，“一条”还专门开发了以“生活美学”为主题的 APP，如图 6–14 所示。

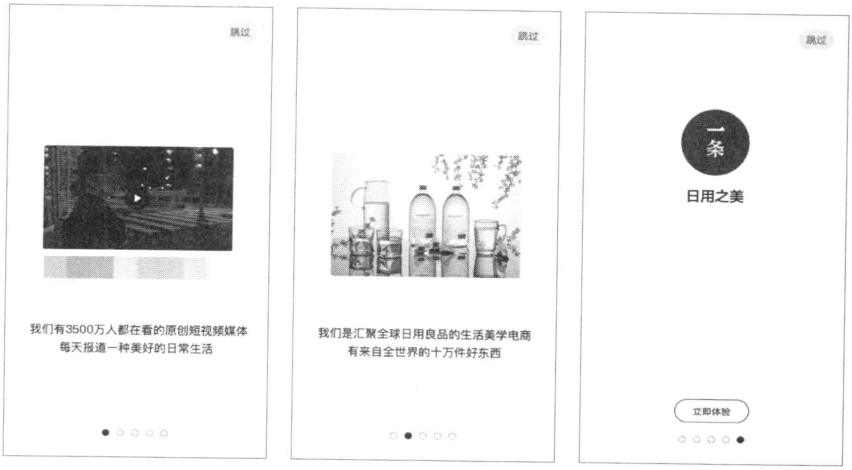

◆ 图 6-14　“一条”电商 APP

再比如京东商城，中国最大的自营式企业，其在线购物 APP 也推出了短视频的内容，如图 6-15 所示。在“发现”页面有一个“视频”专栏，通常推送时长为 5 分钟以内的短视频内容，而且都是围绕京东的自营商品打造的。

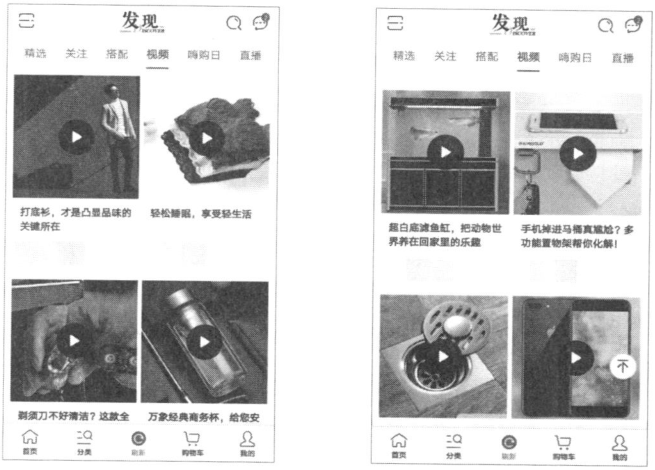

◆ 图 6-15　京东的自营商品短视频

这种形式为京东商城增添了更多魅力和特色，用户可以通过更为直观的方式接触自己想要购买的商品，从而产生购买的欲望，大大促进了短视频的变现。

089 第三方店铺：涨销量

短视频的电商变现形式除了自营电商可以使用，第三方店铺也是适用的，比如典型的淘宝卖家，很多都是通过发布短视频的形式来赢得用户的注意和信任的，从而促进销量的上涨。淘宝上的短视频展示有几种不同的形式，分别利用其优势吸引眼球，成功变现。

首先来看第一种，即在店铺首页放置短视频。图 6-16 所示为某淘宝店铺的首页短视频展示，这种短视频进度条、暂停键都是可以控制的，如果小屏幕看不清楚，可以在右下角放大观看即可。

在播放短视频的过程中，会不时地跳出商品的链接，感兴趣的话可以直接点击进入购买页面。另外，商品链接会随着视频的进度而不断变化。这是与短视频的内容相辅相成的，形成“边看边买”的营销模式。

◆ 图 6-16　某淘宝店铺的首页短视频展示

第二种是在淘宝的微淘动态里用短视频的方式展示商品，比如上新、打折、做活动等。图 6-17 所示为“Haco 哈果超人 实用轻时装”店铺发布的微淘动态。用户不仅可以直接点击视频观看商品的细节，还可以点击“查看更多”按钮进入相应页面，在下方进行点赞、评论以及分享，扩大店铺影响力。

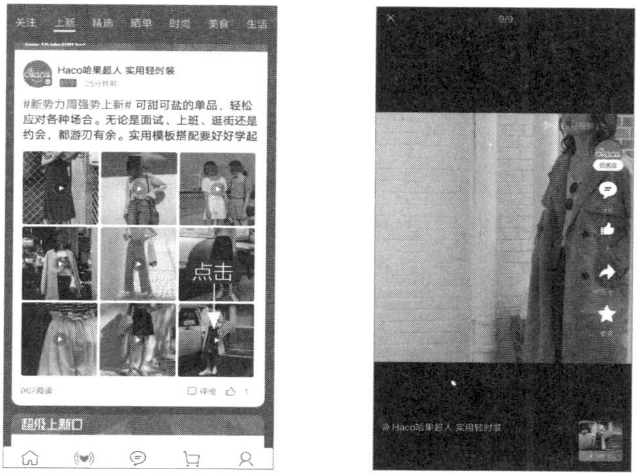

◆ 图 6-17　微淘动态里的短视频展示

此外，用户还可以通过微淘动态的短视频直接观看商品展示，然后点击短视频页面的“查看详情”按钮，进入商品的链接页面，查看商品的具体信息，比如颜色、尺码等更多细节。

第三种是淘宝主页的“有好货”板块会推荐短视频，如图 6-18 所示。点击进入相应页面可通过视频直观地观察和了解商品，同时可点击“去购买”按钮进入商品页面，用户即可进行购买。

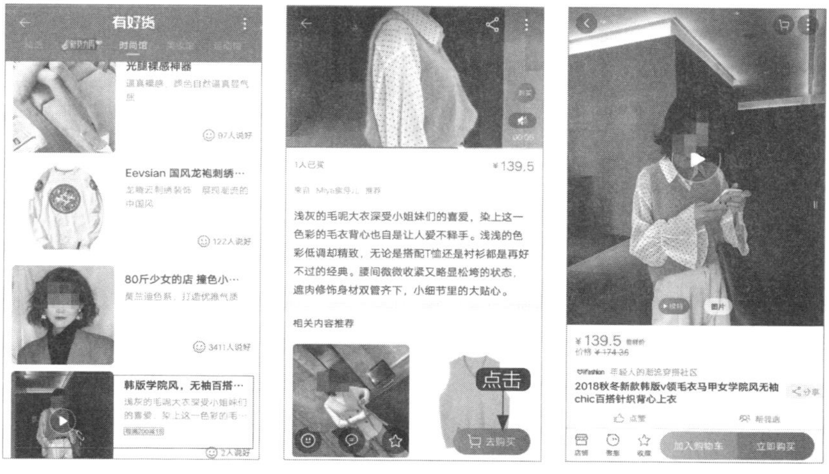

◆ 图 6-18　“有好货”的短视频展示

第四种是淘宝最近新出的功能，同样是在首页界面的一个板块，即“哇哦视频”，如图 6-19 所示。

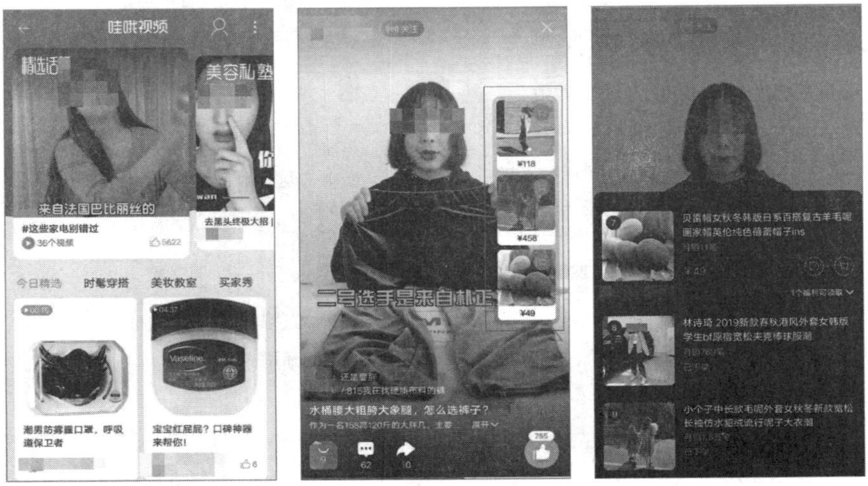

◆ 图 6-19 “哇哦视频”的短视频展示

这个板块里面还分了很多小板块，比如有今日精选、时髦穿搭、美妆教室和乐活技能等。这个板块主要是大人推荐的好物，点击进去可以看到呈现的类似于直播的画面，与直播不同的是，这不属于实时画面，不能和主播实时互动，但是可以在第二张图左下角进行评论转发和点赞。

另外，短视频的右边还有好物推荐，达人在短视频中推荐的所有商品都会在左下角的购物袋里面，点击之后就可以看到第三张图的画面，如果想要直接购买则可以点击第三张图的购物车进入宝贝详情页面下单即可。

专家提醒

第三方店铺的“短视频＋电商”的变现方式就是利用了短视频直观化这一特点，尤其是美妆、服饰类的商品，更适合用短视频的方式展示，有利于变现和盈利。而且，短视频平台为了变现，也与电商进行合作，如美拍推出的“边看边买”就是为淘宝引流，互利共赢。

090 网红名人：红人通告

2018 年，网红人数和粉丝人数在持续增长，同时，网红经济市场的规模和利用网红变现的能力也在逐渐加强，网红人数和粉丝人数的同时增长为后期的网红经济提供了强大的助力，也为其产业链的发展和完善提供了强大动力。

伴随着网红人数的大量增加，其涉及的领域也在不断地增多，早期的网红大部分做的是美妆、知识科普、信息分享、美食文化，现在的网红领域又增加了财经、股票、销售等，未来还有更多的新鲜领域等着去挖掘，这些新鲜领域将成为下一代网红开辟的领域。

目前来看，网红经济变现的方式一共有 3 种，第一种是知识类型的网红经济变现。

伴随着互联网生态系统的不断完善和大众消费观念的升级，再加上移动互联网的方便快捷，之前的“免费知识互联网经济”渐渐变成了“付费知识互联网经济”，这种类型的网红可以满足大众对获取知识的基本需求。

大多传统的媒体人、知识网红和知识内容创作者，已经通过这个互联网分享平台顺利完成转型，不仅提高了自身的知名度，还收获了大量的粉丝和经济收入。

第二种就是以发布短视频或者直播类型的网红，比如熊猫、一直播、YY 等都是以直播为主的软件，而现在比如抖音、快手、美拍等这些正火的平台都是短视频和直播为一体的软件。

以抖音平台为例，以这种方式火起来的多之又多，在短视频和社交的结合下，涌出了大量类似于 papi 酱这种类型的网红，小到抖音粉丝只有几万、几十万的小网红，大到几千万的网红大咖。他们的存在就是网络经济的基础，粉丝越多，找他们去宣传品牌产品的广告主也就越多，其收入也就越多，而广告主的产品也就更加有市场。

例如，“代古拉 k”在抖音凭借一条叫甩臀舞的短视频出名。当时这个甩臀舞的视频获赞量超过了千万人次，有着上亿次的播放量。现如今粉丝量已经达到了 2354.8 万人，点赞数有 1.7 亿人次，在抖音里面的网红可以超过这个数量的少之又少。

第三种就是以电商为主的网红，他们的目标就是让用户看见他们的产品，并喜欢他们的产品，从而进行购买，达到电商变现的目的。

这种网红就是以服装为主营业，她们利用抖音短视频平台进行宣传推广，让抖音平台作为流量的入口去吸引大量粉丝。这种类型的网红经济，基础好、用户黏性大，而且自带流量。

传统的淘宝店铺开起来不费吹灰之力，但是没有流量就没有人去购买，开起来也不能赚钱，所以现在的网红很好地利用了各种平台，为其淘宝店铺引流，将粉丝流量变成消费力。这样做不仅省了很多宣传的环节和费用，也给网红带来了强大的经济收益。

091 IP 本地化：流量变现

本地化就是粉丝跟账号运营者是同一个地区的，也叫同城账号。本地化自媒体做抖音短视频的机会点和盈利点非常多，机会点可以与微信公众号比肩。本地化账号能够吸引更多的商家，如餐饮、旅游和商业房地产等，会有很多本地的服务商来找抖音号进行各种商业合作，因此变现能力比其他的内容创业（如唱歌、跳舞的内容）要更强一些。

因此，做本地化账号有一个特别重要的点，就是能够获取该城市里的优质资源和人际关系。用户可以充分利用粉丝和商家的相互作用，形成具有展示性、便利性、高黏性的生态系统，帮助本地化抖音号实现变现。

用户可以提升抖音号在本地市场的品牌影响力，从而在当地更加轻松地接到各种广告，甚至还有很多本地化抖音达人带火了一个城市。

例如，“摩登兄弟”从默默无闻到粉丝 3600 多万人，在抖音上爆火后，因为几乎每天都有全国各地的粉丝慕名来听他唱歌，主唱刘宇宁所在的“安东老街”也在粉丝络绎不绝的光顾下，不知不觉被带红了。

本地化抖音号最佳的变现方式，就是和本地的线下实体进行合作，这个方法主要用于一些本地生活类公众号。本地化抖音号可以更好地解决信任问题，本地的餐饮、电影、美容以及服装企业等都是潜在的大客户。总之，只要你的粉丝基数大，就不愁没有客户，而且很多客户会主动找上门来。

092 衍生变现：拓展路线

很多坚持原创的抖音号都成为“超级 IP”，并且衍生出了很多 IP 附加值来实现变现。如图 6-20 所示为抖音 IP 衍生变现的主要方式。

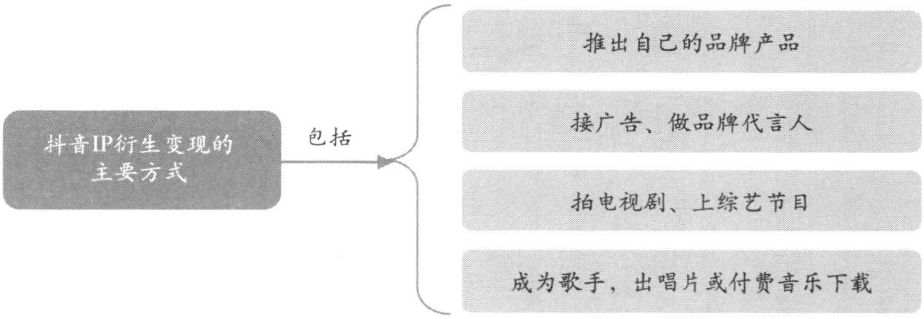

◆ 图 6-20 抖音 IP 衍生变现的主要方式

例如，凭借“男友脸”走红的费启鸣，在抖音上吸粉达 1900 多万人，而且短视频的点赞量大部分在百万次以上。

成名后的费启鸣开始踏上星途来变现，出演了薛凌执导的电视剧《我在未来等你》，还作为实习老师参加了爱奇艺推出的亲子实验真人秀节目《超能幼稚园》。

再如，在抖音大火的“代古拉 k”在成名前，除了短视频平台之外，从来没有参加过任何综艺节目，如今也踏上了《快乐大本营》的舞台，前途不可限量。

抖音的短视频信息传播方式，可以帮助 IP 吸引相同价值观的粉丝，实现大范围的精准营销变现。随着泛娱乐时代的到来，IP 全产业链价值正在被深度挖掘，那些成名的抖音达人变现机会也会越来越多。

第 7 章

引流技巧：利用渠道推广

短视频早已经成为一种可以引流的渠道，也是一种比较新鲜、广受用户喜欢的内容形式，那么如何利用各种短视频平台引流推广呢？

本章内容主要注重在利用短视频这个渠道来进行推广引流，也包括短视频各个不同平台的不同推广方式，帮助读者全面、深入地了解短视频这个行业。

- ✧ 热搜：利用热搜引流
- ✧ 原创：抖音平台引流
- ✧ 平台：平台账号引流
- ✧ 评论：评论作品引流
- ✧ 明星：自带流量优势
- ✧ 硬广告：硬广引流法
- ✧ 人工：评论人工引流
- ✧ 视频：搬运视频引流
- ✧ 互推：互推合作引流
- ✧ 合拍：合拍玩法引流

093 热搜：利用热搜引流

抖音的热搜榜于 2018 年 7 月份前后上线，绝大部分的用户已经通过抖音的这个新功能打开了新世界的大门，对视频内容的原创者来说，利用热搜引流已经成为一项很重要的技能，那么，如何让自己的视频和抖音的热搜关键词高度匹配，从而得到更多的曝光呢？

图 7-1 所示为抖音热搜关键词的截图画面，以两个不同时间段的热搜词为对比。想要得到更多的曝光，很简单，只需要在文案方面或者内容方面，甚至加的背景音乐可以跟这些热搜关键词沾边的就可以得到曝光，但是，得到曝光还远远不够，因为热搜关键词变得很快，今天是这个，明天就是那个了。所以，也需要用户好好地去运营。

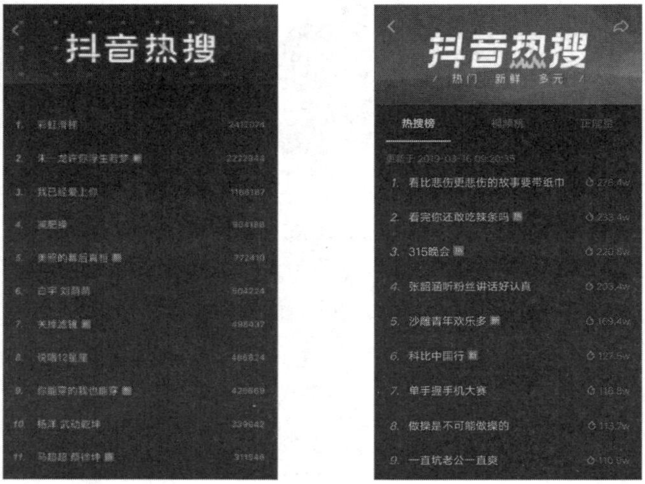

◆ 图 7-1 抖音热搜关键词的截图画面

对短视频的创作者来说，蹭热词已经成为一项重要的技能。用户可以利用抖音热搜寻找当下的热词，并让自己的短视频高度匹配这些热词，以得到更多的曝光。下面总结出了 4 种利用抖音热搜引流的方法。

❶ 视频标题文案紧扣热词

如果某个热词的搜索结果只有相关的视频内容，这时视频标题文案的编辑就尤为重要了。用户可以在文案中完整地写出这些关键词，提升搜索匹配度的优先级别。以“薛之谦偶像包袱”关键词为例，搜索热词的结果都是薛之谦的相关视频，那么只要用户写出的关键词完全一致就可以达到高匹配度了。

❷ 视频话题与热词吻合

以“赵丽颖结婚现场视频”的热词为例，搜索结果返回的是关注人数超 147 万人的 # 赵丽颖结婚现场视频 # 话题。从视频搜索结果来看，排在首位的视频文案中并无“赵丽颖结婚现场视频”的关键词，这个视频之所以排在首位，是因为它带有 # 赵丽颖结婚现场视频 # 这个包含热词的话题。

❸ 视频选用 BGM 与热词关联度高

例如，从“我已经爱上你”这一热搜词返回的搜索结果来看，部分短视频从文案到标签，都没有“我已经爱上你”的字样。这些短视频能得到曝光机会，是因为 BGM 使用了二郎演唱的《我已经爱上你》这首歌。因此，通过使用与热词关联度高的 BGM，同样可以提高视频的曝光率。

❹ 账号命名踩中热词

这种方法比较取巧，甚至需要一些运气，但对于跟热词相关的垂直账号来说，一旦账号命名踩中热词，曝光概率会大幅增加。

比如，热词“减肥操”，真正带火这个词的可能只是排在首位那条 93 万次点赞的视频，但是“减肥操达人”“佳丽减肥健身操”等抖音号因为命名踩中了热词，所以也搭上了热榜的顺风车，曝光得到大幅增加。

094 原创：抖音平台引流

有短视频制作能力的用户，原创引流是最好的选择。现在市场中的原创类型很多，但是优质的视频内容却不多，这时首先要做的第一件事就是找准自己的定位。只有知道自己想要做的方向是什么，才可以将内容更集中，效率也会更快，做垂直内容视频还有一个好处就是可以让观众增加对你的信任度和专业度。

当你找准自己的定位后就可以开始制作短视频了，需要强调的是，短视频的内容一定要优质，并不是什么视频都可以引流的，一定要有吸引用户的点，不管是后期的 BGM，还是画面感，或者是内容，这些条件对一个短视频是否可以火爆都是很重要的因素。

那么，为什么这两个视频可以获得抖音推荐，从而达到几十万甚至上百万次的点赞数呢？因为其运营者发布的视频有吸引观众的点。一个吸引观众的点是风景，另一个吸引观众的点是才艺。当然，这个风景和才艺必须是观众喜欢的视频才会火爆。

抖音上的用户大多是年轻用户，偏爱热门和创意有趣的内容，同时在抖音官方介绍中，抖音鼓励的视频是：场景、画面清晰；记录自己的日常生活，内容健康向上，多人类、剧情类、才艺类、心得分享、搞笑等多样化内容，不拘于一个风格。

用户可以在制作原创短视频内容时，记住这些原则，按照这些原则的标准去制作视频，这样可以让作品获得更多推荐，使其得到更多的曝光，从而达到大规模引流的目的。

095 平台：平台账号引流

抖音是现在很火的一个社交化娱乐软件，很多用户都想利用抖音这个平台来引流，但是很多新手刚注册一个新号，并不知道其准确的引流方法。其实，新号想要快速吸粉也不是不可能的事情，只需要知道个中技巧的运用加上一点点运气，就可以达到快速引流爆粉的目的。

想要利用抖音平台引流，首先需要知道抖音平台的两个核心是什么，即内容和权重。其实，不管什么互联网平台引流都离不开这两个核心，因为优质的内容就是视频的根本，这是前提。不管你在这个平台的权重如何，就算获得平台的推送，被观众看到了，得到了大量曝光，如果你的视频质量不行，自然而然地也就不会得到更多的关注，所以内容是核心。

关于权重这个问题，有的时候，你会发现同样的内容用不同的账号去发布，得到的结果是不一样的，有的账号可以有几十万甚至几百万次的点赞转发数量，有的账号连得到平台的推送机会都没有，那么，此时就需要考虑到自己账号的权重问题了。

有的时候，你会发现，你发布的内容浏览量很高，但是却没有点赞和转发数量，产生这个问题的原因就是你发布的内容质量不行。所以，在运用这个可以提高曝光、提高引流的技巧前，一定要确保内容质量和账号权重。

抖音矩阵是指通过同时做不同的账号运营，来打造一个稳定的粉丝流量池。道理很简单，做一个抖音号也是做，做 10 个抖音号也是做，同时做可以为你带来更多的收获。打造抖音矩阵需要团队的支持，至少要配置 2 名主播、1 名拍摄人员、1 名后期剪辑人员以及 1 名推广营销人员，从而保证多账号矩阵的顺利运营。

抖音矩阵的好处很多，首先可以全方位地展现品牌特点，扩大影响力，还可以形成链式传播来进行内部引流，大幅度提升粉丝数量。例如，被抖音带火的城市西安，就是在抖音矩阵的帮助下成功的。据悉，西安已经有 70 多个政府机构开通了官方抖音号，这些账号通过互推合作引流，同时搭配 KOL 引流策略，让西安成为“网红”打卡城市。如图 7-2 所示为与西安相关的抖音账号。

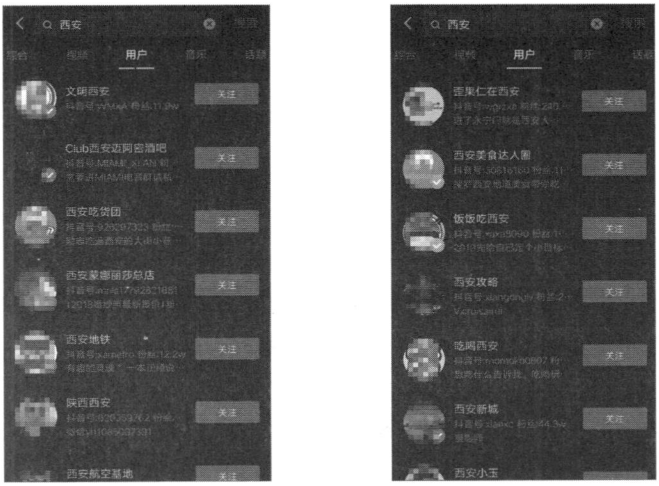

◆ 图 7-2　与西安相关的抖音账号

西安通过打造抖音矩阵可以大幅度提升城市形象，同时给旅游行业引流。当然，不同抖音号的角色定位也有很大的差别。例如，“吃在西安”抖音号就是用各种美食短视频吸引用户关注，甚至能够促使他们前往西安旅游，亲自品尝一下这些美食。

抖音矩阵可以最大限度地降低多账号运营风险，这和投资理财强调的“不把鸡蛋放在同一个篮子里”的道理是一样的。多账号一起运营，无论是在做活动还是在引流吸粉都可以达到很好的效果。但是，在打造抖音矩阵时，还有很多注意事项，如图 7–3 所示。

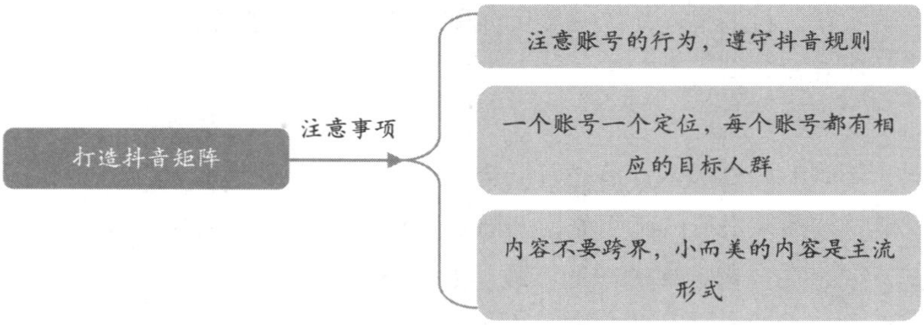

◆ 图 7–3　打造抖音矩阵时的注意事项

这里再次强调抖音矩阵的账号定位，这一点非常重要，每个账号角色的定位不能过高或者过低，更不能错位，既要保证主账号的发展，也要让子账号能够得到很好的成长。

例如，小米科技的抖音矩阵主账号为“小米商城”，其粉丝数量达到 249.8 万人，其定位是引流变现；而子账号“小米手机”的粉丝数量已经超过了“小米商城”，达到了 340.3 万人，可以说已经是“青出于蓝而胜于蓝”了，如图 7–4 所示。

◆ 图 7–4　小米科技的抖音矩阵

096 评论：评论作品引流

抖音是一个排名前十的短视频 APP，所以用户基数非常大，抖音平台也产生了很多类型的网络红人，那么，普通用户想要成为网红该怎么去引流呢？这里可以讲一个在抖音引流的方法，就是利用评论作品引流。

那么，要怎么做才可以在抖音平台吸引精准粉呢？精准粉丝引流法主要通过关注同行业或同领域的相关账号，评论他们的热门作品，并在评论中打广告，给自己的账号或者产品引流。

例如，卖女性产品的用户可以多关注一些护肤、美容、化妆品和减肥等相关账号，在抖音找到这类精准账号，因为关注这些账号的粉丝大多是女性群体。

用户可以到“网红大咖”或者同行发布的短视频评论区进行评论，评论的内容直接复制粘贴引流话术。评论热门作品引流主要有如下两种方法。

- ▶ 直接评论热门作品：特点是流量大、竞争大。主要是因为热门作品都是上推荐或者进入精选的作品，被看到的概率非常大，只要你评论的话术够有吸引力，点赞数多，就可以在其他用户点开评论时看到位列前茅的你的评论，但是，想要使评论排在前面也是比较难的，一定要想想自己到底该怎么评论才可以吸引其他用户的注意，要不然，就算你在热门作品下留言评论，其他用户也是看不到的。

以护肤这个类别来举例，评论区都是比较吸睛的地方，点赞数和下面的回复评论多不多就决定了能否被其他用户看到，因为你点赞数高，就相当于获得了其他用户的认可。回复评论多，有的是因为认可赞同，还有的就是因为你的评论争议特别大。当产生这两个原因其中的一个时，平台的系统自然就将你的评论顶上去了。

- ▶ 评论同行的作品：特点是流量小但是粉丝精准。这主要是因为有时同行的作品的受喜爱度不一定高，所以就算你的评论达不到大规模的引流效果，但评论同行的作品的人都是一些精准粉丝，因为你们做的类别相同，受众群体自然也是相同的，所以这种方法大多适用于小规模引流。

例如，在抖音做减肥产品的用户，可以在抖音平台搜索减肥类的关键词，即可找到很多同行的热门作品。

用户可以将这两种方法结合一起做，不仅可以大规模引流，同时还可以精准吸粉，但是在评论时一定要注意评论的频率，不要一直不停地评论、复制粘贴，不然的话抖音平台可能会屏蔽你，还有就是所评论的内容不要一模一样。否则，如果其他用户同时在几个热门视频中看到你的评论，不仅不会引流，还会造成反效应，引起其他用户的反感，最重要的一点是不可以带有敏感词，敏感词是抖音平台的后台系统已经设置好的，一点触发，就会自动屏蔽。

评论热门作品引流法有两个小诀窍，具体方法如下。

- 用小号到当前热门作品中去评论，评论内容可以写：想看更多精彩视频请点击→→@你的大号。另外，小号的头像和个人简介等资料，这些都是用户能第一眼看到的东西，因此要尽量给人很专业的感觉。
- 直接用大号去热门作品中回复：想看更多好玩的视频请点我。注意，大号不要频繁进行这种操作，建议1小时内去评论2次到3次即可，太频繁的评论可能会被系统禁言。这么做的目的是直接引流，把别人热门作品中的用户流量引入你的作品中。

097 明星：自带流量优势

明星，是一个大众都很熟悉的词汇，娱乐圈里面都是明星，因为他们自身就是流量的原体，可以说明星就等于流量。他们拥有大规模的粉丝群体，就像现在各大网络平台的网红一样，说得广泛一点，这些网红也可以称为明星，只不过没有明星那么大的透明度而已。

抖音平台就造就了很多网红明星，比如抖音上比较火的“七舅脑爷”和“晨妍”等，都是在抖音平台出道的网红明星。他们的粉丝群体也是很多的，所以带来的流量不可忽视，广告主一般也是找这种粉丝量比较多的红人来宣传自己的品牌。

利用网红明星发布的短视频来进行品牌推广，主要有两个方面的目标：一个是减少用户对广告的反感情绪，前面介绍的植入创意广告和找KOL合作就能达到这一目标；另一个就是可以实现双方的互动，提升品牌和消费者的亲密度，并促进短视频内容的传播性，在更大、更广的范围内去提升品牌的好感度。

关于这两个层次目标的实现，“抖音短视频”平台的互动贴纸应用就是一个很好的方法。运营者可以在平台上发起挑战赛并定制创意贴纸，而用户可以在拍摄视频时选择贴纸下载，如果品牌和商家定制的创意贴纸吸引人，那么用户使用的频率就比较大，从而促进品牌的传播。

就如大家熟悉的餐饮品牌必胜客，就曾在“抖音短视频”平台上策划了一个名为 #DOU 出黑，才够 WOW# 的主题活动用来宣传其新品——必胜客 WOW 烤肉黑比萨，并通过平台定制了多种含有必胜客元素的 BGM、360° 全景贴纸和系列面部贴纸等。

098 硬广告：硬广引流法

硬广告就是俗称的传统广告模式，通过直接介绍产品的功能、特点和内容来向大众推销，主要通过电视机、报纸、广告牌和电台等一些传统媒体进行宣传。硬广告之所以叫硬广告，主要是因为，它向大众推销的方式有点像强加进去的，比如在电视上看一部电视剧，前面就会带有几分钟的广告，这种打广告的方式就很“硬”，让大众比较反感。

但是，这种硬广告到现在依旧没有被淘汰掉，这是为什么呢？答案是，虽然这是强加给用户的，但是用户看得多了，自然而然也就在脑海里面根深蒂固了。

如今，是短视频大火的时代，硬广告也可以通过短视频的方式来呈现给大众，将产品在短视频中直接进行推广或品牌展示。通过这个互联网的大时代，将品牌和产品给打出去。

这里，以抖音平台为例，来讲一下如何将硬广告和短视频联系起来，建立一个合作体系，来推广品牌和产品。比如用户可以购买一个摄像棚，将平时朋友圈发的反馈图全部整理出来，然后制作成照片电影来发布视频，如减肥的前后效果对比图、美白的前后效果对比图等。

例如，阿迪达斯的抖音官方账号就联合众多抖音达人，推出了各种“15 秒热舞课”“15 秒潮搭课”和“15 秒闪拍课”等，让达人们穿上自己的产品，在短视频中通过各种热舞和搭配来展示出来。

099 人工：评论人工引流

这里的人工评论引流是指需要自己去评论区发表评论，其他用户可以通过你的评论知道你、关注你，从而达到增粉的效果。

这里以抖音短视频APP为例。抖音短视频的评论区，基本上是抖音的精准受众，因为用户只会对自己感兴趣的话题内容发表看法，所以，不管是美妆类视频，还是减肥类视频，视频内容的评论区都是精准的受众群体，而且都是活跃用户。

想要去评论区引流就必须先编辑好一些引流话术，话术中可带有微信等联系方式。在自己发布的视频的评论区回复其他人的评论，评论的内容直接复制粘贴引流话术。在评论区回复其他用户不仅为自己引流，还可以通过互动提升自己和用户的亲密度，从而达到引流的效果。

这种人工评论引流的方式也有一个前提，即你的内容一定得是优质的，不然没法引起其他用户的关注，一个拥有优质内容的好作品才可以使得更多的用户去关注、评论。

在话术方面也不要设置得太死板，不然会让用户觉得他是在跟人工智能聊天，语气尽量委婉，推广的时候不要太硬，尽量让用户感受到你的亲和力。话术不能一成不变，在适当的时候用适当的话术，才是可以精准引流的关键。

100 视频：搬运视频引流

搬运视频引流是指将一个视频搬运到另外的平台上面，从而达到引流的效果。这里以抖音平台为例，如图7-5所示为“浙有正能量”在抖音的个人主页界面。这个账号主要是其他地方的监控视频画面搬运到抖音平台发布，其搬运的都是一些具有正能量的视频，大多是观看后令人很感动的画面。

◆ 图7-5 “浙有正能量”在抖音的个人主页界面

“浙有正能量”搬运的短视频内容是一名男子骑摩托车在车流中不小心摔倒了，在紧急关头，一辆白色轿车快速用车身挡住了车流，让骑摩托车的男子可以有时间站起来；另一个是一位老爷爷在斑马线上行走，已经过了时间，但是没有一辆车按喇叭催促，后面有一位好心的交警过来将老爷爷背到马路对面。

这两个视频都是在宣传中华民族的传统美德。“浙有正能量”的粉丝达到了 600 多万人，点赞数 4 亿多次，可见这个 IP 利用搬运视频的方法来引流增粉是成功的。

用户还可以从微视、西瓜视频、快手、火山小视频以及秒拍等短视频平台，将其中的内容搬运到抖音平台上，具体方法如下。

（1）先打开去水印视频解析网站，然后打开要搬运的视频，并把要搬运视频的地址放到解析网站的方框内，然后点击“解析视频”按钮，解析完成后即可下载，从而得到没有水印的视频文件。如图 7-6 所示为抖音短视频解析下载网站。

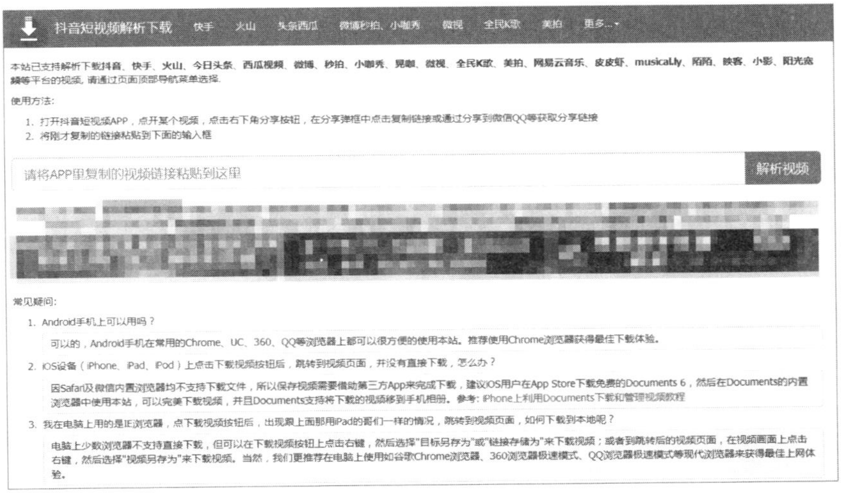

◆ 图 7-6　抖音短视频解析下载网站

（2）然后用如图 7-7 所示的格式工厂的下载页面，或者利用如图 7-8 所示的 InShot 视频图片编辑软件的下载页面，对视频进行剪辑和修改，改变视频的 MD5 值，即可得到“伪原创”的视频文件。

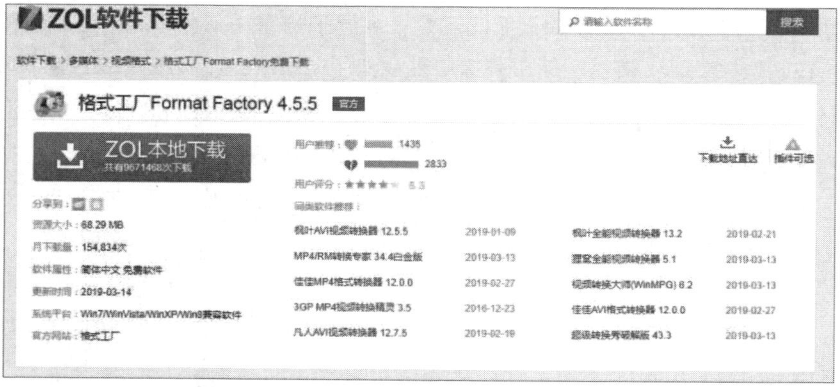

◆ 图 7-7　格式工厂的下载页面

◆ 图 7-8　InShot 视频图片编辑软件的下载页面

（3）最后把这个搬运来的视频上传到抖音，同时在抖音账号的资料部分进行引流，以便粉丝添加。

101 互推：互推合作引流

互推合作引流是指在平台上寻找其他的用户一起合作，将对方的账号推给自己的粉丝群体，以达到双方可以引流、增粉的目的，做到双赢的效果。

这里的互推和上述互粉引流玩法比较类似，但是渠道不同，互粉主要通过社群来完成，而互推则更多的是直接在抖音上与其他用户合作来互推账号。在账号互推合作时，用户还需要注意一些基本原则。这些原则可以作为我们选择合作对象的依据，如图7-9所示。

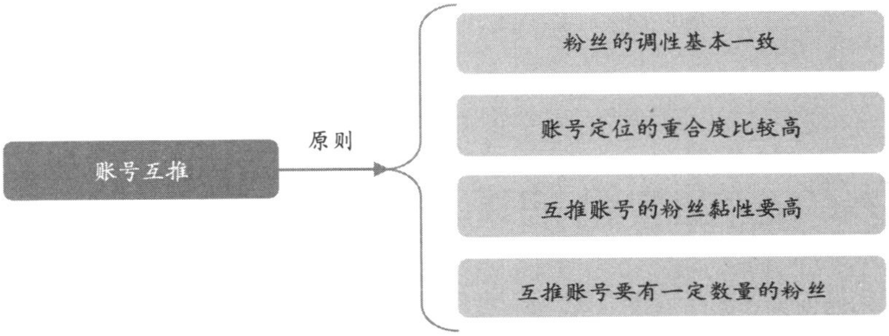

◆ 图7-9　账号互推的基本原则

不管是个人号还是企业号，在选择要合作进行互推的账号时，同时还需要掌握一些账号互推的技巧，其方法如图7-10所示。

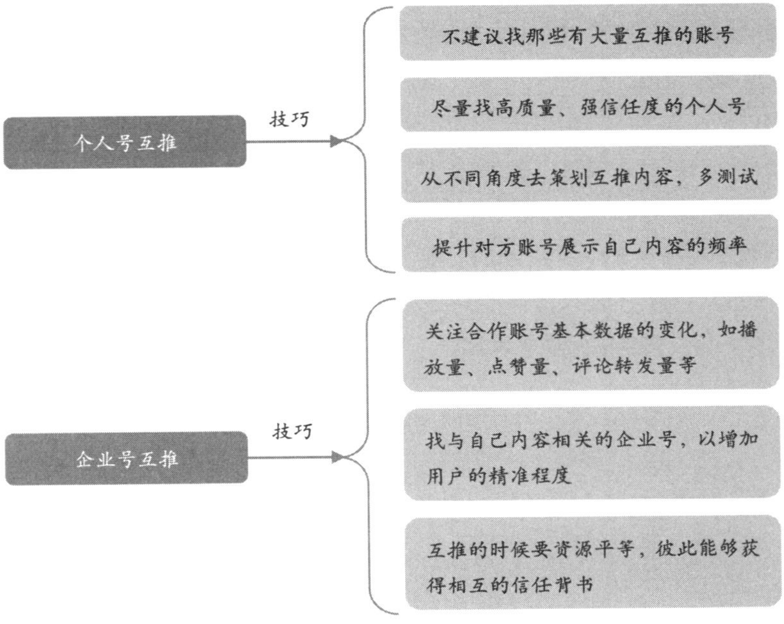

◆ 图7-10　个人号和企业号的互推技巧

以抖音为例，网红冯吖吖唱了刘至佳演唱的《生僻字》，在评论区互相回复，这就是典型的互推合作引流。

随着抖音在人们生活中出现的频率越来越高，它不仅是一个短视频社交工具，也是一个重要的商务营销平台，通过互推，别人的人脉资源也能很快成为你的人脉资源，长久下去，互推会极大地拓宽你的人际关系圈。有了人际关系，还怕没生意吗？

102 合拍：合拍玩法引流

这里主要以“快手”APP 为例，讲述一下关于“快手”中的合拍功能。合拍，顾名思义就是，两个人或者多人一起拍的意思，但这里的合拍是指在已经发布的视频中选择一个，然后选择跟哪个视频进行合拍。

步骤 01 进入快手 APP，切换至“发现”页面，❶ 在其中选择一个自己喜欢的短视频内容；进入该短视频的播放页面，❷ 点击上方的“分享”按钮。

步骤 02 执行操作后，在弹出的底部窗格中点击“一起拍同框”按钮；进入视频拍摄页面，进行相应设置和拍摄视频；拍摄完成后，进行视频编辑和发布，即可完成视频合拍。

另外，在合拍的界面可调节画面播放的快慢，选择一个与音乐合拍的视频速度，让音乐的鼓点刚好对应视频中的某一节点，这样的合拍视频后期效果会更加和谐，观众在观看的时候体验感也会更好。

不管是抖音还是快手的合拍功能，目的都是让平台用户更好地去体验这个 APP。未来，APP 中还会出现更多更好玩的新功能，用户可以利用这些功能更好地去社交，将这些功能利益最大化。

专家提醒

在快手的合拍视频拍摄页面，除了一般的视频拍摄设置外，还有合拍视频的位置选择按钮，包括左屏、右屏和画中画，如图 7-11 所示。

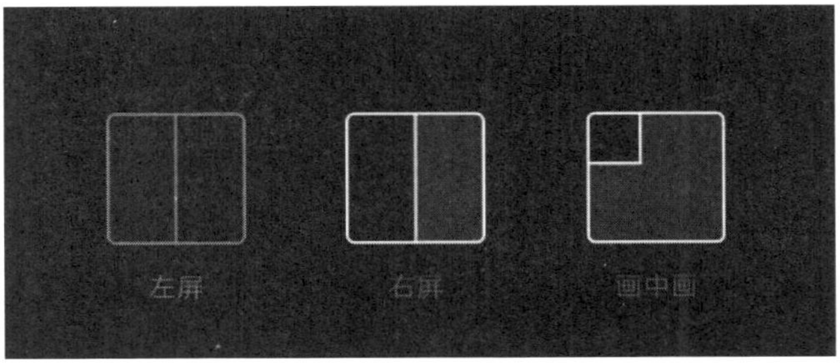

◆ 图 7-11　抖音合拍视频的位置选择

103 抢镜：抢镜玩法引流

这里的抢镜玩法与合拍一样，抢镜也是抖音在内容表达的技术创新方面的一个表现，主要能够有效地通过内容提示用户的参与度和体验度。

虽然，合拍和抢镜都是在原有的平台短视频上进行内容制作，并与其共同显示出来，但是，抢镜功能与合拍还是有着本质区别的，它更多的是利用视频化的内容来表达用户的态度，而不再是通过单纯的文字评论和点赞等方式来反馈。图 7-12 所示为抖音的合拍与抢镜功能的差异介绍。

那么，运营者如果想要通过抢镜功能来推广短视频，应该如何操作呢？下面将进行具体介绍。

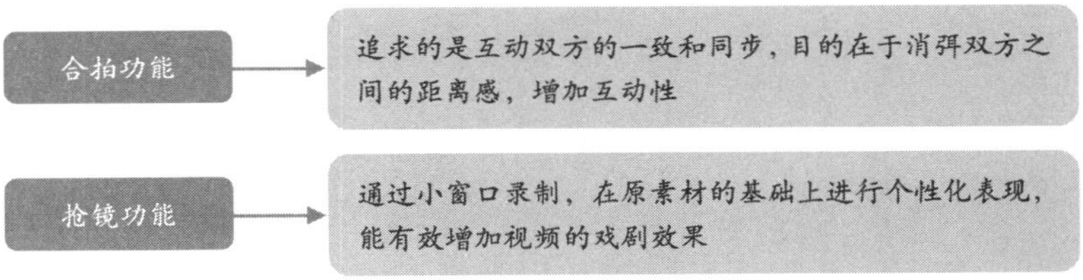

◆ 图 7-12　抖音的合拍与抢镜功能的差异介绍

进入抖音，❶ 点击“分享”按钮；在弹出的底部窗格中，❷ 点击“抢镜”按钮。开始加载并合成视频，然后进入视频拍摄页面，在页面左上角会出现一个小视频窗口，接下来按照抖音短视频拍摄和编辑视频的方法进行操作即可。

专家提醒

在利用抢镜功能拍摄视频时，左上角的小视频窗口是可以改变形式和移动的，具体操作如下。

（1）改变形式：运营者只要点击一下小视频窗口，即可让长方形窗口变为圆形窗口。

（2）移动位置：运营者只要按住小视频窗口不放，当页面中出现一个黄色的虚线框后，滑动手指将小视频窗口移至目标位置，然后松开手指，即可完成操作。

104 抖音话题：模仿引流

抖音话题是抖音新出的一个功能，用户参加抖音话题不仅可以获得大量曝光，还可以进行大规模的引流，与此同时，还可以通过抖音话题挑战赛增加抖音用户的黏性和用户、平台、品牌之间的互动，以及增加抖音用户的活动积极性。

抖音话题挑战赛这个功能一出来就大火，种类繁多的挑战赛话题也接踵而至。抖音话题挑战赛主要是以模仿为主，大部分是网络红人和品牌方发起的，然后素人开始争相模仿跟拍。参加抖音话题挑战赛的方法一共分为 4 种，如图 7–13 所示。

- 参加抖音话题挑战赛的4种方法
  - 参加指定的话题挑战赛，做挑战冲量，其中的内容不一定要跟主题一样，只要不低俗、不违规就可以了
  - 甲方提供统一的视频内容，也就是品牌方和广告主提供统一的内容，我们直接发布就可以了
  - 甲方提供一个视频的模板，我们可以用小号去模仿视频里面的内容，然后用小号发布就可以了
  - 甲方提供一个挑战赛的话题，我们可以安排小号自由发挥，不一定要模仿，只要不跳脱话题就可以了

◆ 图 7–13　参加抖音话题挑战赛的 4 种方法

举个例子，“统帅电器”品牌方发布的话题挑战赛，“邓伦邀你合拍 1 平方米时尚大片”。

“统帅电器”在视频中营造了一个家的感觉，里面宣传的都是电器，邓伦个人单独做了一个视频，这种是直接将家电融入视频，显得不是很刻意。这个话题挑战赛主要是以合拍的形式，让用户和邓伦进行合拍，这种方式不仅提高了品牌方的知名度，还使得品牌和用户增加了亲近感。

105 简介：简介设置微信

在抖音平台，很多简介中都会带有微博、商务合作和微信等字样，这种就是利用个人简介引流，因为简介刚好在抖音个人主页面的中间，当用户点开一个人的抖音头像后，第一眼看到的就是个人主页面的个人简介。这种引流方式是最直接、最简单的。

因为当用户点开你的个人主页时，就说明其已经对你感兴趣了，如果可以直接在个人简介中看到联系方式，自然是最好了。如图 7-14 所示为抖音个人主页截图。

◆ 图 7-14　抖音个人主页截图

这种在一个抖音账号的个人简介中放微信的方式，如果你是微商，这将会是你的流量源头，因为抖音平台用户基数够大，只要你的视频被更多人看到，你的个人主页浏览量就不会少。

106 跨平台：跨平台引流

现在的自媒体平台有很多，其中包括微博、微信这种社交类的平台，还有如今正火的短视频自媒体平台，如今日头条、抖音、快手等，在这些平台中生存下去不难，但是想要扩大自己的知名度和影响力，就需要自己慢慢地运营了。

现在新进入自媒体行业的人，都感觉无从下手，不知道怎么宣传自己，经常做无用功，自己做了很多工作却得不到回报。这主要是因为，现在的自媒体平台太多，导致竞争很多，那么，如何打造属于自己的 IP 呢？下面就以抖音为例来介绍一下。

跨平台引流是指，用户的作品在一个平台发布之后，流量不够，又到另一个平台上面去发布，利用其他平台进行引流。

举个例子，自媒体有一个很火的 IP 叫“陈翔六点半”，这个 IP 不单单在抖音很火，还在很多短视频平台都发布了作品，这样让“陈翔六点半”这个 IP 不仅在抖音有大量的流量，在其他的平台也有大量粉丝，分别是“陈翔六点半”在抖音 APP 和快手 APP 的个人主页。

不仅如此，“陈翔六点半”除了在抖音平台和快手平台，还在今日头条、美拍等多个平台发布作品。

每个平台都有其忠实用户，或许关注了抖音平台的用户就没有关注快手平台，所以跨平台引流可以使得各个平台的流量粉丝叠加，这样能让其 IP 更加有知名度，不仅 IP 受益，也让其平台粉丝增加了对平台的黏性。

107 内容：优质内容引流

内容是流量的基础，而优质的内容可以帮助你更好地吸引粉丝关注，没有优质内容的作品用户是没有兴趣去看的，所以要想引流优质的内容是必须具备的前提。

想要一个 IP 可以火，流量多才是关键点，有了流量才会有粉丝，有了粉丝，这个 IP 才会具备价值，但是流量也分为好几种，第一种就是自媒体做的流量，这种流量就是个人品牌粉丝流量，内容具备向导性和专业性。这种流量比较优质，可以有效地针对用户群体发放品牌广告，同时，它产生的流量也是不可估量的，获得收益也可以最大化。

第二种就是通过文章、视频，或者通过向别人推荐从而获得的流量，即通过信息吸引到的一次关系流量，这种流量没有第一种的流量来得多，也没有第一种那么普遍，如果是被你的信息所吸引，首先就是推荐的信息中一定要有可以吸引别人的关键信息，不然很难吸引目标用户。

第三种则是你没有向自己的目标用户投递信息，甚至不知道自己的目标用户是哪类人群，在病急乱投医的情况下，加了一些对你自己的品牌或者产品没有用，或者不了解你的用户。这种流量往往就是在做无用功，对自己没有用的流量就跟僵尸粉没有什么区别。所以，就算加了几百个这样的用户还不如加一个目标用户，那样的流量往往比几百个僵尸粉有用得多。

另外，想要做到优质内容引流，就必须去吸引粉丝的注意，投放精准的优质内容，让粉丝通过优质内容主动去了解自己的品牌产品，让他们主动加你。这种做法的前提是，你必须清楚自己的目标群体用户是哪一类人群，可以从你投放产品的内容去判断你的目标人群，需要掌握一定的营销引流技巧。

以抖音短视频平台举例，抖音平台有一个 IP“兔子牙”，其以翻唱为主要内容，垂直度非常高，唱的歌也非常好听，这也是其可以火起来的原因。唱歌唱得好就等于优质的内容，所以对于这种 IP，用户给的关注和点赞也毫不吝啬，如图 7-15 所示为“兔子牙”的抖音号界面，粉丝量达到了 1652.3 万人，获赞数达到了 8227.6 万次。

◆ 图 7-15　“兔子牙”的抖音号界面

“兔子牙”的短视频画风比较柔美，画面跟她唱的歌非常契合。优质的内容加上一个好的运营就是一个可以让 IP 大火的流量源体，而“兔子牙”这个 IP 刚好也符合了这两点，所以其一千多万粉丝的流量来得也不是毫无痕迹可寻，而是通过勤更新优质的短视频慢慢积累而来的。

第8章

视频平台：吸引点击观看

随着短视频行业发展的大热，不仅出现了许多短视频APP，同时，各在线视频平台也加入了短视频运营行列中。

本章就从视频类APP及其平台上的短视频推广出发，具体介绍这些平台的特点和优势，以便大家在社交平台外再建一个短视频运营矩阵。

◇ 抖音：主打音乐短视频成清流
◇ 快手：记录和分享用户的生活
◇ 秒拍：在视频中添加商品链接
◇ 美拍：直播、拍摄和后期一体
◇ 火山：政策扶持运营效果可期
◇ 西瓜：优势多多，让推广更易
◇ 梨视频：找到共同点精准引流
◇ 小影：拍摄风格多样，特效众多
◇ 爱奇艺：专注打造有趣的内容
◇ 腾讯：可发短视频弹幕的平台

108 抖音：主打音乐短视频成清流

相对于一般的短视频拍摄软件来说，抖音 APP 的出现犹如一股清流，抛弃传统的短视频拍摄，转而拍摄音乐段视频，对如今的年轻人来说，这一软件的出现，能让他们以不一样的方式来展示自我。此外，抖音 APP 音乐中的节奏感十分明朗强烈，让追寻个性和自我的年轻人争相追捧。

相比于其他的短视频拍摄软件只是在视频的呈现方式上下功夫，抖音 APP 则另辟蹊径，以音乐为主题进行视频拍摄，这是其最大特色。

▶ 在首页为用户提供相关场景的音乐推荐，用户可以根据自身的喜好选择相应的背景音乐，如图 8-1 所示。不仅如此，在抖音的拍摄页面也可以添加音乐，而且种类非常多，有飙升榜、流行、新歌、原创音乐、国风和激萌等，可供用户选择。

◆ 图 8-1 在抖音拍摄页面选择音乐

用户也可以选择快拍或者慢拍两种视频拍摄方式，并且具有滤镜、贴纸以及特效功能，帮助用户的音乐短视频拍摄得更加具有多变性和个性，如图8-2所示。

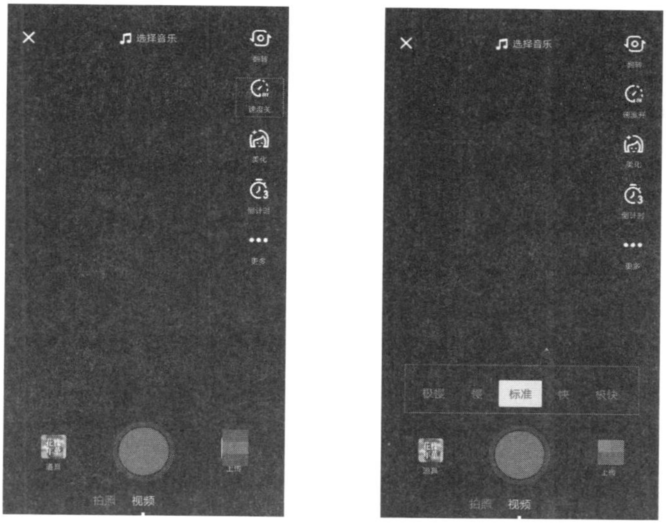

◆ 图 8-2 抖音的拍摄截图画面

▶ 抖音 APP 还能将拍摄的音乐短视频分享到朋友圈、微博、QQ 空间以及针对性地分享给微信朋友等。

因此，运营者如果想要利用抖音平台推广短视频，就需要利用好该平台上的所有可利用的功能，并结合平台所具有的特色和优势。

109 快手：记录和分享用户的生活

以“记录生活，记录你”为口号的快手自 2012 年转型为短视频社区以来，就着重于记录用户生活并进行分享。其后，随着智能手机的普及和流量成本的下降，这一款手机应用也迎来了发展的春天。

截至 2017 年 3 月，快速的用户已达到 4 亿人，日活跃用户数也达到了 4000 万人。发展到 2018 年 11 月，快手 APP 的下载安装已经达到了 41 亿多次。可以说，在各款短视频中，快手的下载安装次数是最多的。

在笔者看来，快手发展得如此迅速，是与其 APP 特性和热门综艺认证分不开的，如图 8-3 所示。

◆ 图 8-3　快手 APP 详情介绍

就如图 8-3 中提及的滤镜和魔法表情，就是喜欢拍摄短视频的运营者需要用到的，且在这方面还是有一定优势的，特别是在种类和效果上。图 8-4 所示为快手的部分滤镜和魔法表情展示。

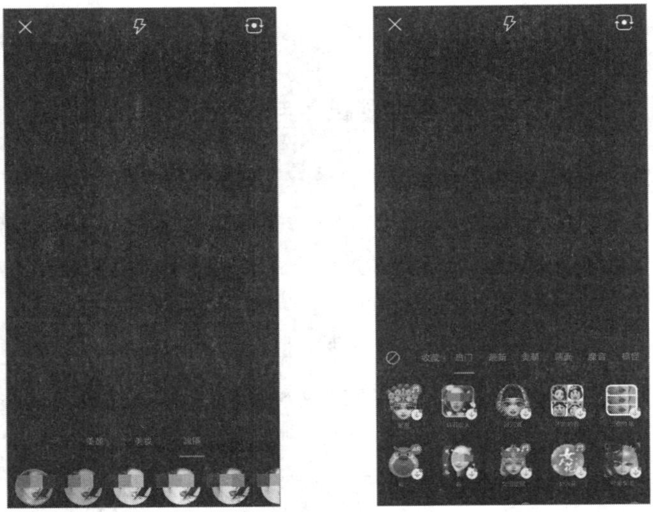

◆ 图 8-4　快手的部分滤镜和魔法表情展示

另外，快手区别于其他短视频平台的一个重要特征就是其在功能的开发上，并不着重于多，而是追求简单易用，并积极进行功能的提升。而正是这一特征，使得用户乐于使用快手来制作、发布和推广短视频。

以快手的拍摄功能为例，如果运用得好，就能打造需要的优质视频和促进推广了。首先，可以拍摄具有不同时长限制的视频，具体内容如图 8-5 所示。

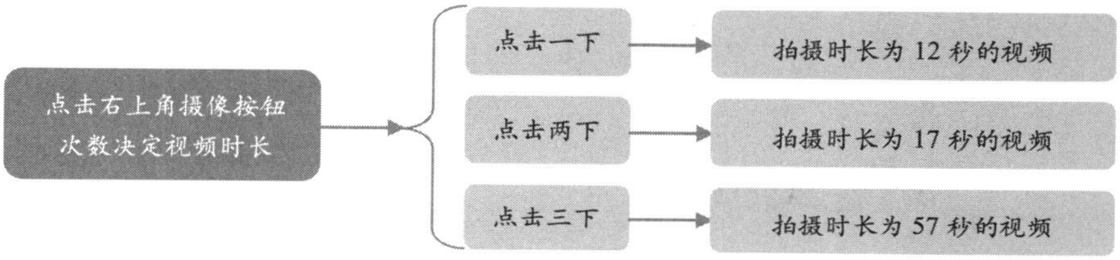

◆ **图 8-5　点击右上角摄像按钮次数决定视频时长**

专家提醒

当运营者点击两下或三下时，在拍摄页面会出现“隐藏功能”信息提示框，显示“本模式下可拍摄或截取长达 17 秒的视频”或“本模式下可拍摄或截取长达 57 秒的视频”的字样。

其次，在快手推广视频时，为达到上热门的运营目标，可以设置双标题或多标题，这样可以使用户印象更加深刻。

其操作为：在视频编辑页面，点击“更多”按钮，展示更多功能；点击“文字”按钮，进入“文字”页面；选择标题背景和形式，输入文字设置第一个标题；完成后，再次选择标题背景和形式，输入文字设置第二个标题。这样设置后的视频就会在播放时在相应位置显示设置的字幕和标题。

最后，运营者如果想要利用短视频推广产品，同样可以在快手中进行设置。在“发布”页面，可以看到一个“个性化设置”按钮，点击该按钮；进入相应页面，通过点击“添加商品或店铺”按钮即可进行相应设置，在发布视频时接入商品或店铺，如图 8-6 所示。

◆ 图 8-6　快手短视频的接入商品或店铺设置

110 秒拍：在视频中添加商品链接

秒拍是一个新潮的短视频分享应用，也是一个集观看、拍摄、剪辑、分享于一体的超多功能的短视频软件，更加是一个超好玩的短视频社区，使用秒拍拍摄可以让你一秒变成文艺的摄像师。利用秒拍分享短视频不仅可以提升其用户的知名度，也可以帮其用户引流从而达到变现的目的，如图 8-7 所示。

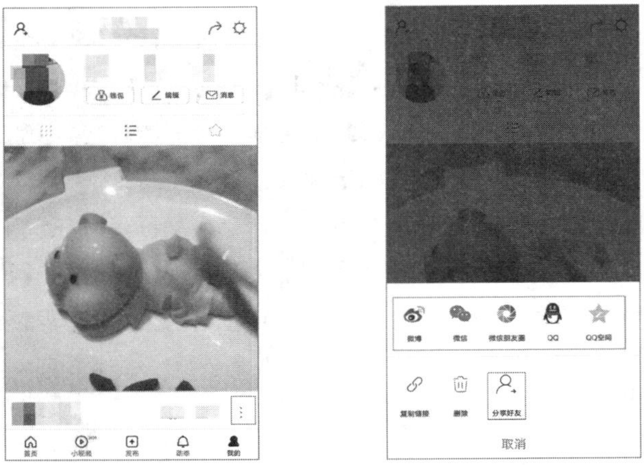

◆ 图 8-7　秒拍分享界面

秒拍的主要功能有 6 种，第一种是高清拍摄，拥有全新的拍摄风格加上全新的操作体验，最新版本的秒拍还支持高清视频编码，让拍摄者的视频更加清晰。第二种是非常炫酷的 MV 主题，拥有 30 种不同风格的 MV 主题，可以为你的视频增添不少色彩，让你的视频秒变大片。

第三种则是拥有 40 多种不同个性、不同风格的动态视频水印图，可以尽可能地彰显用户的个性。第四种是，用户发布视频前可以设置实时变声功能，比如蜡笔小新、汤姆猫或者是各个地区的方言等，瞬间就可以让人感觉到与众不同。第五种是秒拍属于明星短视频 APP，超多的大咖明星都在使用秒拍，可以随时随地进行互动。第六种是秒拍的一键唤起功能，可以轻松拍摄视频，轻松分享视频。

在知道了秒拍这些强大的功能后，想要利用秒拍短视频进行推广变现将是很简单的事情。举个例子，假如你的职业是卖衣服，除了经常分享日常穿搭之外，还可以在分享的同时在短视频中加入服装链接。这就是一种很直接的变现方法，将观众和粉丝变成流量，将流量转化成购买力，实现轻轻松松变现。

111　美拍：直播、拍摄和后期一体

美拍 APP 是一款由厦门美图网科技有限公司研制发布的一款集直播、手机视频拍摄和手机视频后期于一身的视频软件。

美拍 APP 自 2014 年面世以来，就赢得了众多人的狂热参与，可以算得上开启了短视频拍摄的大流行阶段。后经众多明星的使用与倾情推荐，将其真正深入人们的心中，每当人们一想起短视频拍摄，就会想到美拍 APP，所以这款软件深入民心的程度可见一斑。美拍 APP 的最大特色是四“最”，具体如图 8-8 所示。

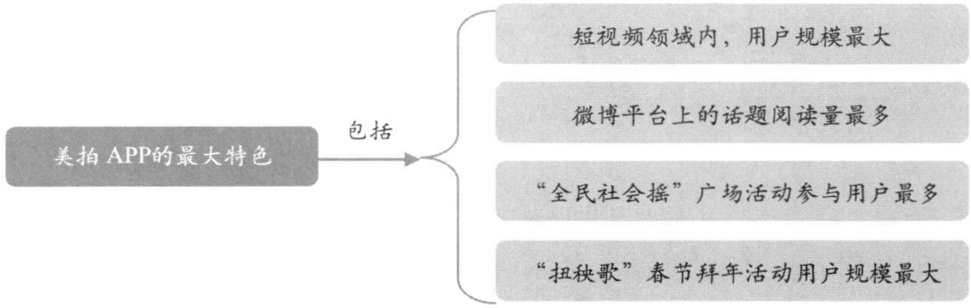

◆ 图 8-8　美拍 APP 的最大特色

此外，美拍 APP 主打“美拍 + 短视频 + 直播 + 社区平台”。这是美拍 APP 的第二大特色，从视频开拍到推广和分享，一条完整的生态链，足以使它为用户积蓄粉丝力量，再将其变成一种营销方式。

美拍 APP 主打直播和短视频拍摄，以 20 多种不同类型的频道吸引了众多粉丝的加盟与关注。图 8-9 所示为美拍 APP 视频拍摄页面的主要功能用法展示。

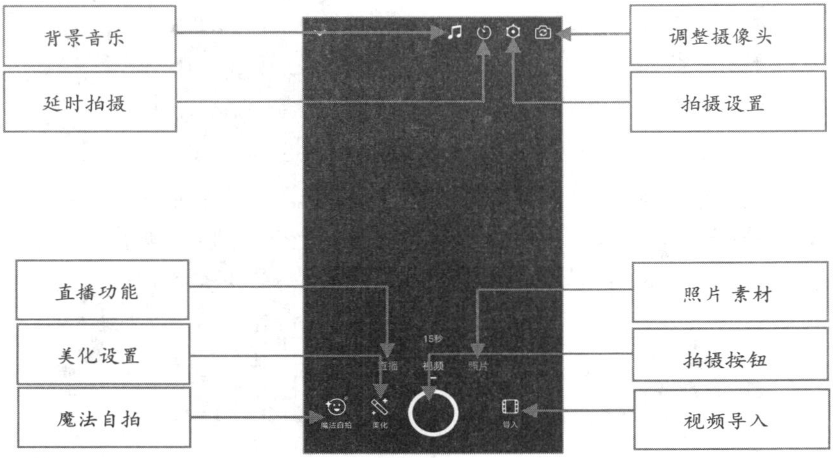

◆ 图 8-9　美拍 APP 视频拍摄页面的主要功能用法展示

除图 8-9 所示的拍摄功能外，美拍 APP 还有一些细节功能：一是为用户提供了 15 秒、60 秒以及 5 分钟的视频时长选择，为用户的短视频拍摄时长提供了更多种选择；二是强大的 MV 特效和大头电影等有趣的功能，能帮助用户拍摄出更具个性化的手机短视频；三是表情文让照片也能说话，在线音乐，边听边感受。

专家提醒

美拍 APP 主打直播与美拍，而且其拍摄视频的时长虽然做出了相应的改变，但用户还是比较受限制，只能选择软件提供的几种时长方式，用户并不能自定义视频拍摄时长，所以在进行美拍 APP 视频推广时，要注意视频拍摄时间长度的把握。

112 火山：政策扶持运营效果可期

火山小视频 APP 是由北京微播视界科技有限公司研制发布的一款主打 15 秒短视频拍摄的手机视频软件。它号称是最火爆的短视频社交平台，以视频拍摄和视频分享为主。火山小视频 APP 作为 2017 年热度较高的一款短视频拍摄软件，有其独特性，主要包括 5 个方面，如图 8-10 所示。

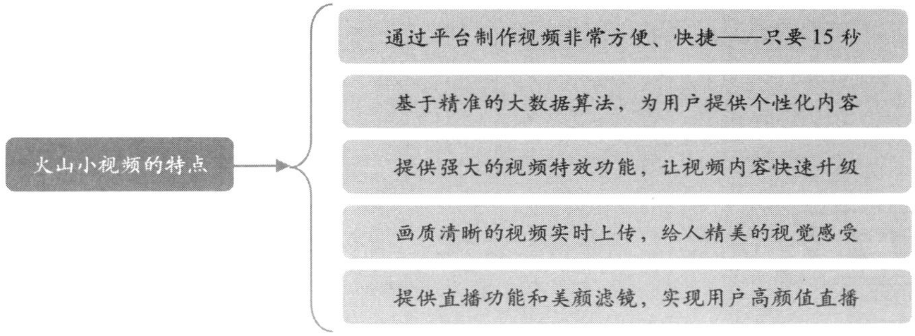

◆ 图 8-10　火山小视频的特点

同时，火山小视频为了加快发展，吸引更多人关注和参与，推出了一系列与小视频相关的扶持计划，如图 8-11 所示。

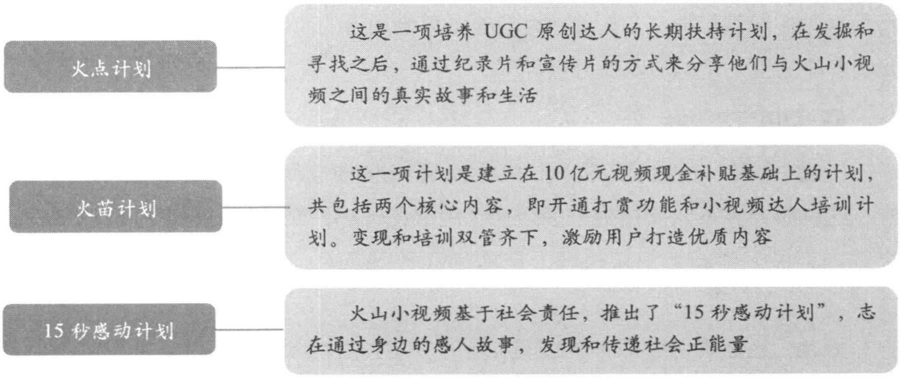

◆ 图 8-11　火山小视频推出的平台扶持计划

专家提醒

火山小视频 APP“出生”于短视频软件满天飞的时候，与市面上众多的短视频拍摄软件相比，火山小视频 APP 并不具太多优势，但是其在拍摄完视频之后的编辑之中，却独具“抖动”“黑魔法”“70年代”“灵魂出窍”以及“幻觉”这 5 款特效处理，让视频充满个性化的同时又别具一格。

因此，在火山小视频 APP 上进行推广，一方面可以借助该应用的特点打造个性化视频，另一方面可以借助平台的扶持政策，做到两者兼收，那么其短视频运营之路还是可期的。

113 西瓜：优势多多，让推广更易

西瓜视频 APP 是今日头条旗下的独立短视频应用，同时也可看做今日头条平台上的一个内容产品，其推荐机制与头条号的图文内容并无太大差别——都是基于机器推荐机制来实现的。通过西瓜视频平台，众多视频创作者可以轻松地向大家推广和分享优质视频内容。

基于西瓜视频与今日头条平台的关联，运营者可以通过今日头条平台后台进行短视频的运营和推广。而通过今日头条平台后台的西瓜视频发表和推广短视频，具有多个方面的优势，具体分析如下。

❶ 利用合辑功能

“发表合辑”是为适应视频内容的发展而推出的新功能，是指视频集合，当然，这种集合并不是简单地把多个视频组合在一起，而是需要运营者对已发表的视频内容进行重新组织和整理，是具有自己思想的、有固定主题的视频集合的发表。

因此，运营者可以把有着相同主题的一系列短视频进行整理，再设置一个吸引人注意的主题名称，就能吸引众多想要获取某一方面知识且想要系统学习的人关注，最终实现短视频推广的目标。

专家提醒

在视频“合辑”功能中，所选择的视频既可以是自身发表的视频，也可以是其他人发表的视频。但是无论运营者选择什么样的视频，都必须坚持一个原则和中心，即所有选择的视频要有一个中心主题。

❷ 设置金秒奖

通过今日头条后台的西瓜发布的视频，还可以参与金秒奖。一般来说，出现在“金秒奖”频道首页中的内容，都有较高的流量，有些更是高达百万播放量，引发了传播裂变。即使参与评选之后，并没有获得相关奖项，也能通过与“金秒奖”这一短视频行业的标杆事件发生关联而增色不少。

因此，运营者可以发表自己制作的优质的短视频内容，参与金秒奖。当然，这里的质量主要包括如下两个层面的内容：一是所呈现出来的视频内容的质量，二是拍摄、制作的视频在图像、音效和字幕等多个方面的质量。只有这样，运营者才能打造优质短视频，也才能在众多参与作品中获胜，夺得桂冠，为自身短视频内容打上优质标签，从而吸引大量用户阅读。

❸ 多样推广方式

西瓜视频为了扩大推广范围和提升推广效果，还积极进行多方面的营销尝试，如 2017 年 6 月的“找回新鲜感”跨界营销活动就吸引了众多人参与，刷爆朋友圈。

在这一活动中，西瓜视频围绕“西瓜”这一当季水果，与百果园、果多美企业合作，一方面在 30 万颗西瓜上贴上创意标语和二维码，并通过扫二维码为购买者提供与“找回新鲜感的 45 种方式”相关的短视频内容；另一方面还准备了一个 360° 全方位环绕的视频体验馆，带给用户身临其境的观影震撼，成功地让年轻人排起了长队观看。

114 梨视频：找到共同点精准引流

梨视频跟今日头条、腾讯新闻一样，都是资讯类的 APP，梨视频的大部分视频时长控制在 30 秒到 3 分钟之间，这样做的原因是想要将新闻事件最精华的内容展现在大众眼前，但是，像那种长镜头纪录片除外，有的时候纪录片的时长为十多分钟。

梨视频平台已经出现了很多大火的栏目，他们关注的板块都不一样，比如梨视频平台的“冷面”，其板块是新闻人物的回访视频，“老板联播”主要关注各位大佬的动向，还有“风声视频”主要关注社会问题等。

那么，知道了梨视频的基本资料之后，如何利用这个平台精准引流呢？下面就来讲讲，利用梨视频平台引流的一些具体方法。

现在自媒体已经发展了好几年了，未来肯定还是蒸蒸日上，有很多人觉得自媒体不好做，其实是你不会做。自媒体中已经出现了很多优秀的成功人士，我们看到他们成功的视频可以多去学习学习，只要找到共同点就可以精准引流。

如图 8-12 所示为“微辣 Video”的梨视频个人主页界面，他发布的资讯类短视频有很多，以其中一个短视频为例。

◆ 图 8-12 “微辣 Video”的梨视频个人主页界面

发布的短视频内容是，围绕“2019 年 3 月 13 日起，QQ 号码可以注销了！”这个主题进行的一个资讯类的短视频讲解，并将这个消息分享给大众。“微辣 Video”没有采用单纯的视频说明方式，而是采用了采访的形式，通过采访大众，通过大众的回答，将短视频中简单的图文赋予了更多的感情色彩。

对 80 后、90 后而言，QQ 可能是黑历史，大多数的人将 QQ 里面的内容选择设置为“仅自己可见”，但是当问到他们会不会注销时，他们都说注销是不可能的，因为将 QQ 注销了之后，里面的东西都会不存在了。

虽说是黑历史，但也都是满满的回忆，当你过几年再去打开 QQ 的时候，空间里面的留言、日志、说说都是时光一去不复返的纪念，所以当你真的要去注销

QQ 时，心里面肯定是非常不舍的。因为你的 QQ 可能是你整个青春的纪念。

如图 8-13 所示为梨视频平台的另一个叫“风声”的栏目，其主要瞄准的是一些社会问题。

◆ 图 8-13　梨视频“风声”的个人主页

“风声”这次短视频的标题是“你买的直邮化妆品多假货”，这是现在大众都很关心的一个问题，其利用暗访的形式进行调查，走访了多家快递公司和制造销售的高仿化妆品商家，无良商家利用与快递公司的合作，将快递物流信息进行改变，物流信息上面显示的是海外发货，其实却是从广州发货，商家从中赚取大量利益，快递公司仅仅是“柯子岭集包点”。每天发出的这种作假的订单就有两万多件，可见每天单单这个点就有多少假货流出。

而“风声”栏目就揭露了这一现象，如图 8-14 所示。

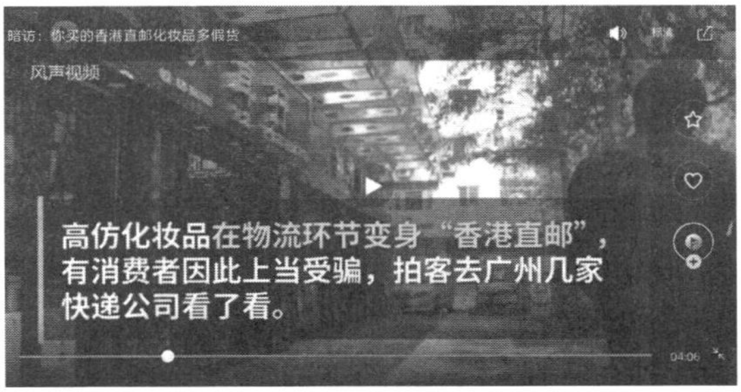

◆ 图 8-14　“风声”的短视频截图画面

其实，像这种成功的典型案例还有很多，只有找到他们的优点从而进行学习，才可以更好地发挥我们自己的优势。

115 小影：拍摄风格多样，特效众多

小影 APP 是由杭州趣维科技有限公司研制开发的一款集手机视频拍摄与视频编辑于一身的软件。小影 APP 的用户以“90 后”、“00 后”偏多，因该软件的视频拍摄风格多样，特效众多，而且视频拍摄没有时间限制所以受到众多人的追捧。

进入“小影”首页之后点击下方的“视频剪辑”就可以进行视频处理了，想要拍摄可以点击“我”，然后点击“开始创作”就可以进行视频拍摄了。

小影 APP 最大的特色就是即拍即停。在拍摄视频的过程中可以左右滑动屏幕切换滤镜，它主要用于短视频的拍摄与后期调整。如图 8-15 所示，第一张图中心的位置，当你拍摄了一段或几段短视频后“小影”就会提醒你可以左右滑动切换滤镜，从第一张图、第二张图上方可以看出，视频可以一段一段地叠加，图中一共拍摄了两段视频。

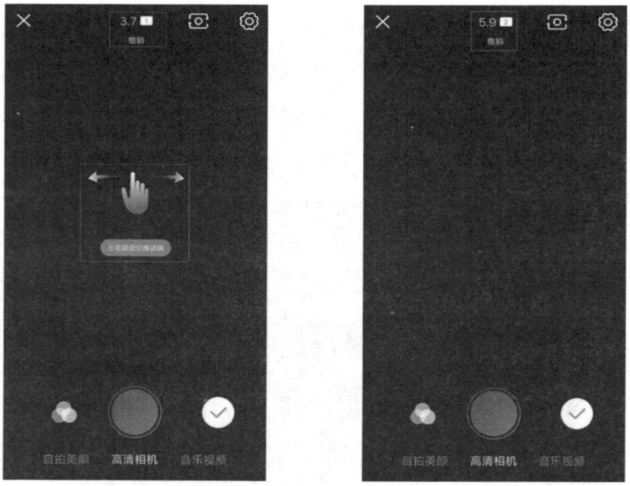

◆ 图 8-15 “小影”短视频即拍即停和后期视频滤镜随意切换功能

在小影 APP 的拍摄界面，有 3 种不同的拍摄方式，如图 8-16 所示，分别是自拍美颜、高清相机和音乐视频。自拍美颜可以对人物进行拍摄，可以将人物拍得更加漂亮，高清相机大多用于风景拍摄，可以拍出更加真实的画面，音乐视频可以边拍画面边加入适合的音乐，让画面更加有感觉。

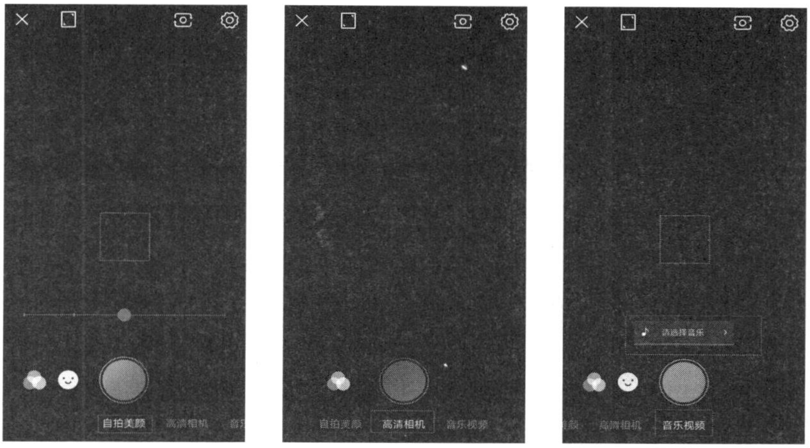

◆ 图 8-16　小影 APP 拍摄界面的 3 种不同的拍摄方式

在小影 APP 中，用户可以将已经拍摄好的视频进行导入，导入后可以进行后期处理剪辑，如图 8-17 所示为小影 APP 视频剪辑画面。当用户在剪辑视频时，可以选择下方的主题、配乐、镜头编辑和素材效果功能，图 8-17 中的 3 张图分别用了不同的主题，显示出了不同的效果。用户可以在编辑的过程中随意拖动进度条，方便编辑。最后，如果用户暂时不想上传可以将编辑好的短视频存为草稿。

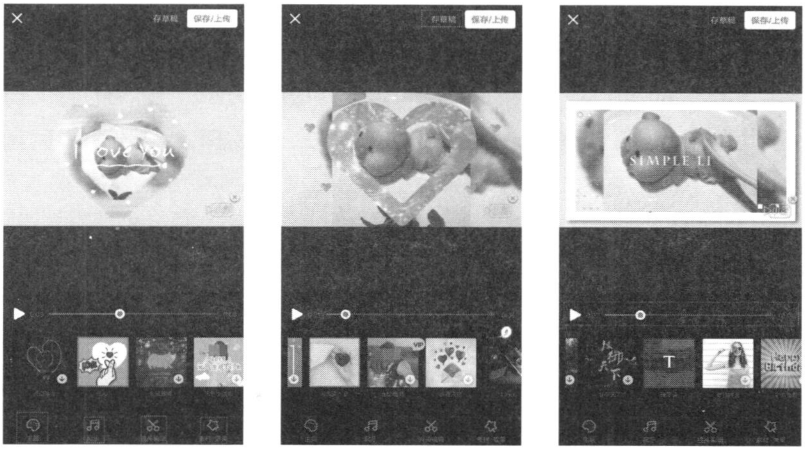

◆ 图 8-17　小影 APP 视频剪辑画面

此外，在小影 APP 中还有如下具体功能：一是实时特效拍摄镜头；二是超棒的 FX 特效以及大量精美滤镜可供用户选择与使用，如图 8-18 所示。更有九宫格辅助线帮助用户完成电影级的手机视频拍摄。

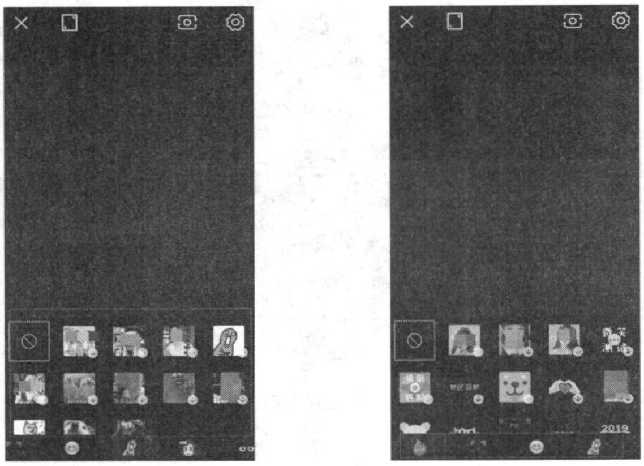

◆ 图 8-18　小影 APP 大量滤镜和特效功能

专家提醒

小影 APP 还有视频平台分享，用户可以将自己拍摄的视频上传到小影 APP 的平台上面去，以供更多人欣赏。此外，在小影 APP 中，还有“小影百宝箱”这一项功能，即小影 APP 将视频按照不同的风格与题材进行分类，用户可以在这里面下载相应的视频主题、相应字幕以及相应特效等。

116 爱奇艺：专注打造有趣的内容

爱奇艺是一个以“悦享品质”为理念的、创立于 2010 年的视频网站。在短视频发展如火如荼之际，爱奇艺也推出了信息流短视频产品和短视频业务，加入了短视频发展领域。

一方面，在爱奇艺 APP 的众多频道中，有些频道就是以短视频为主导的，如大家喜欢的资讯、热点和搞笑等。图 8-19 所示为爱奇艺“资讯”和“热点”频道的短视频内容展示。

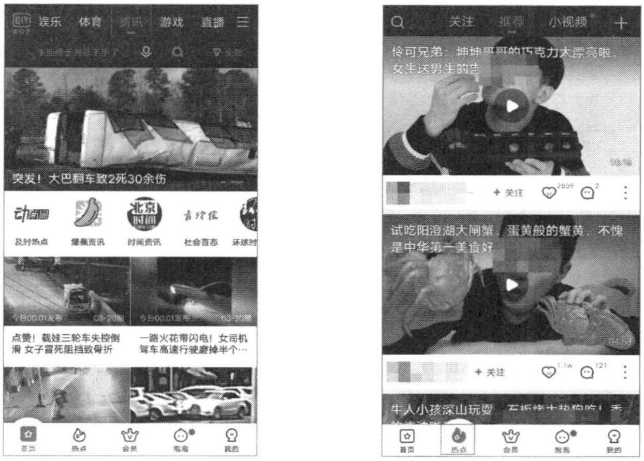

◆ 图 8-19　爱奇艺“资讯”和“热点”频道的短视频内容展示

另一方面，它专门推出了爱奇艺纳逗 APP。这是一款基于个性化推荐的、以打造有趣和好玩资讯为主的短视频应用。图 8-20 所示为爱奇艺推出的一款短视频类 APP 介绍。

◆ 图 8-20　爱奇艺推出的一款短视频类 APP 介绍

当然，对于在社交属性、娱乐属性和资讯属性等方面各有优势的短视频，爱奇艺选择了它的发展方向——娱乐性。无论是爱奇艺 APP 的搞笑、热点频道，还是爱奇艺纳逗 APP 中推荐的以好玩、有趣为主格调的短视频内容，都能充分地体现出来。如图 8-21 所示为爱奇艺和爱奇艺纳豆的搞笑频道。

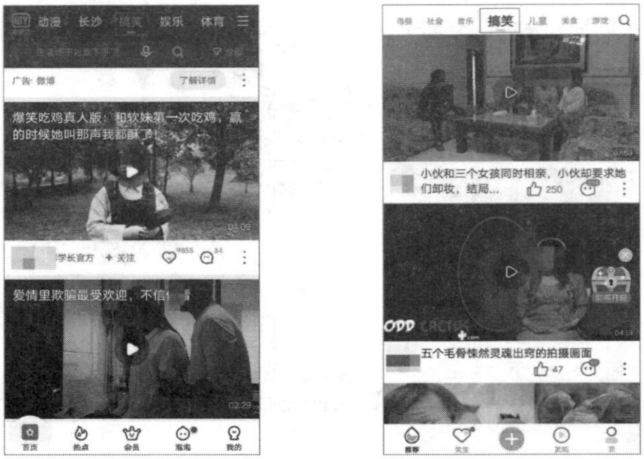

◆ 图 8-21　爱奇艺和爱奇艺纳豆的搞笑频道

而对运营者来说，正是因为爱奇艺在某些频道上的短视频业务偏向和专门的短视频 APP 开发，让他们找到了推广短视频的平台和渠道。同时，爱奇艺作为我国 BAT 三大视频网站之一，有着巨大的用户群体和关注度，因而如果以它为平台进行短视频运营推广，其效果应该是不错的。

117 腾讯：可发短视频弹幕的平台

腾讯视频是我国市场最大且发展最迅速的在线视频平台，它于 2011 年正式上线运营。对短视频运营者来说，腾讯视频网站有着巨大优势——拥有数量最大的移动端日活跃用户和付费会员，且在短视频迅速发展起来的情况下，腾讯视频也开始多处布局短视频内容，如图 8-22 所示。

当然，在腾讯视频本身的平台上，短视频内容也不遑多让——很多频道中都包含短视频内容的身影。特别是在“小视频”频道，呈现出来的完全是一个与其他短视频 APP 一样的页面布局——分两列多栏的列表格式展示，其内容大多是一分钟左右的短视频内容。

且在该频道中，用户点击短视频跳转到相应页面后，除了同其他短视频平台一样展示内容外，它还会在页面上显示“发弹幕”图标，如图 8-23 所示，有利于运营者与用户、用户与用户之间更好地进行互动，从而在社交短视频化方面走得更远。

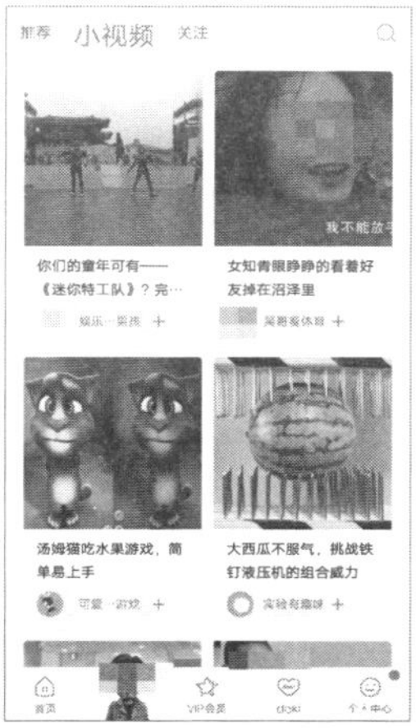

◆ 图 8-22　腾讯布局短视频内容

◆ 图 8-23　显示“发弹幕”图标

除此之外，腾讯也提供了跟爱奇艺共有的热点频道，更好地给用户提供了新鲜的资讯，如图 8-24 所示，用户可以选择浏览平台推荐的短视频，也可以浏览用户自己关注的短视频。

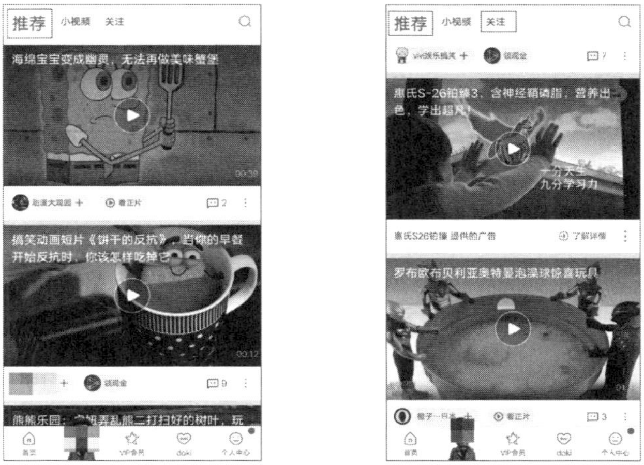

◆ 图 8-24　腾讯视频的热点推荐频道

118 优酷：快者为王满足用户需求

优酷是国内成立较早的视频分享平台，其产品理念是“快者为王——快速播放，快速发布，快速搜索”，以此来满足多元化的用户需求，并成为互联网视频内容创作者（在优酷中称为“拍客”）的集中营。

在优酷平台上，不管你是资深摄影师，还是一名拍摄爱好者，也不管你使用的是专业的摄像机，还是一部手机，只要是喜欢拍视频的人，都可以成为“拍客”。

除了“拍客”频道外，优酷还推出了“原创”和“直播”等频道，来吸引那些喜欢原创并且热爱视频的用户，如图 8-25 所示。

◆ 图 8-25　优酷 APP“直播”频道截图画面

在优酷“原创”频道中，有很多热爱视频短片的造梦者，他们不断坚持并实现自己的原创梦想，借助平台诞生了一大批网络红人，同时他们也为优酷带来了源源不断的原创短片。

在优酷平台上还有一个“科技”频道，如图 8-26 所示。在该频道，用户可以观看各种科技产品的视频，比如手机测评、概念机曝光等。

◆ 图 8-26　优酷 APP“科技”频道截图画面

这对经营与科技相关产品的企业来说，是一个非常不错的产品宣传渠道和短视频内容推广渠道，具体分析如图 8-27 所示。

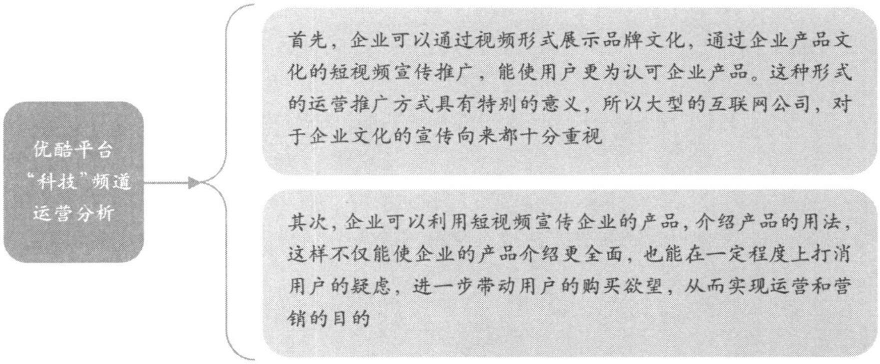

◆ 图 8-27　优酷平台“科技”频道运营分析

除了这些比较常见的频道外，优酷还有很多频道，如图 8-28 所示，比如还有音乐舞蹈、游戏、搞笑、生活等，而音乐舞蹈又分为很多小类，比如其中包括音乐、广场舞、宅舞、演唱会等，优酷在频道这方面做得还是非常仔细、全面的。

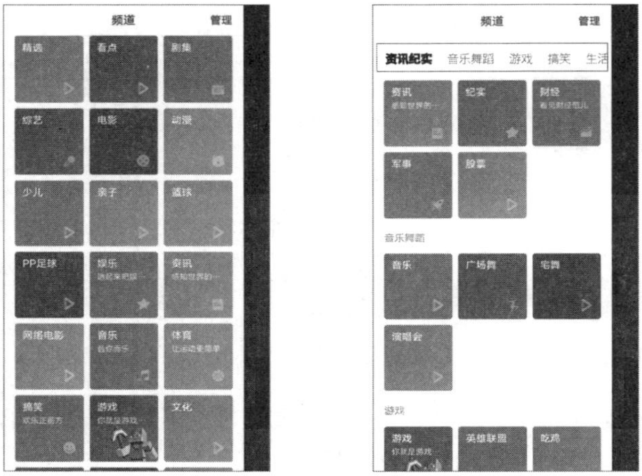

◆ 图 8-28　优酷 APP 频道管理界面

119 搜狐：多元化的短视频自媒体

在短视频大火的时代，搜狐视频作为我国门户网站第一个视频分享平台，也抓住了时间和拿出了巨大的魄力来进行短视频运营，从而形成了多元化的短视频自媒体矩阵——汇聚了千余位达人进行短视频内容的原创，如图 8-29 所示。

◆ 图 8-29　搜狐视频网站的原创短视频达人部分展示

在搜索视频平台上，其在短视频的推广上相较于其他平台来说，也是有其优势和特色的，其重点在于对行业和领域的细分标签。下面以“科技”频道为例进行介绍，如图 8-30 所示。

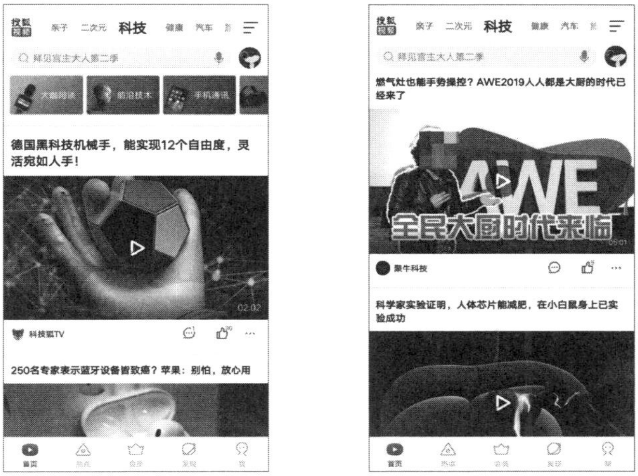

◆ 图 8-30　搜狐平台“科技”频道界面

大家可能发现，在很多视频平台上,“科技”频道的所有内容都是一起展示的，没有什么更加细分的标签加以区别。

而在搜狐平台上,“科技”频道下还按照其内容的不同分为了“大咖阔谈”“前言技术”“手机通信”“智能硬件”“科技资讯”“科学探秘”六大细分领域。用户点击相应标签即可进入各细分领域观看短视频。图 8-31 所示为“手机通信”和“科学探秘”细分领域的短视频内容展示。

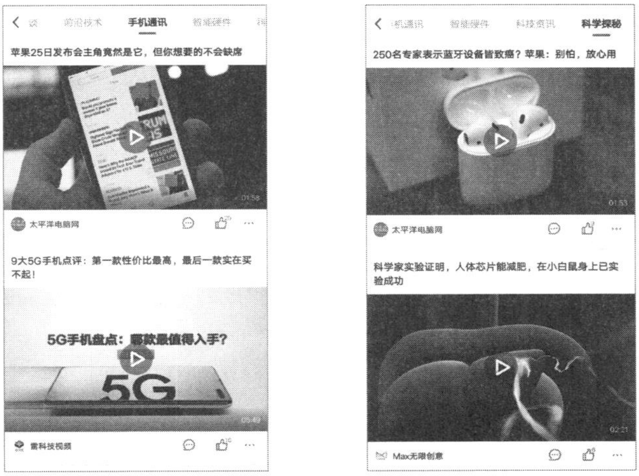

◆ 图 8-31　“手机通信”和“科学探秘”细分领域的短视频内容展示

基于此，短视频运营者在搜狐视频网站上传视频时，可以在相应频道下选择细分领域，让其所属内容分类更精准，同时也让用户能够更加精准地找到所需要的内容。可见，搜狐视频的细分领域分类设置是一种能更有效地推广短视频的方式。图 8-32 所示为上传短视频至搜狐视频网站时“搞笑”频道下的细分领域展示。

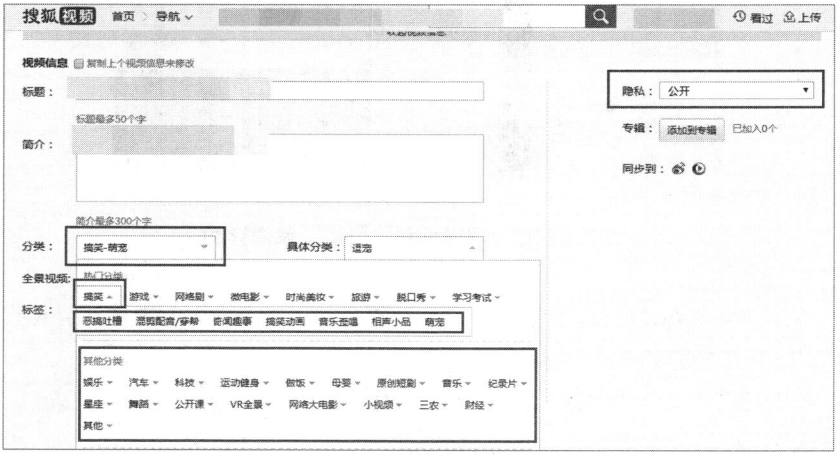

◆ 图 8-32　上传短视频至搜狐视频网站时“搞笑”频道下的细分领域展示

120　芒果 TV：与平台合作优势升级

芒果 TV 是湖南广播电视台旗下的在线视频平台，为用户提供各类优势视频内容。在短视频内容平台崛起的情况下，开拓自己的短视频运营之路也成为芒果 TV 的必然选择。

然而，在 2018 年短视频行业保持快速增长的情况下，有些市场却不容乐观，如 PGC（相位产生载波技术）和 OGC（开放地理空间信息联盟）的短视频内容就受到了明显的挤压。基于此，短视频行业普遍认为，接下来的一大关注点就是如何结合平台优势和优质推荐算法实现内容的高效分发，争取更多的用户时长。

芒果 TV 就是在这样的背景下开创了自己的短视频运营之路——与今日头条、

一点资讯进行合作，共享优质短视频内容。对芒果 TV 来说，它能借助今日头条、一点资讯平台进行内容的分发，利用入驻账号实现更大范围的短视频推广，并通过优质原创短视频来带动长视频的播放，最终让芒果 TV 这一综艺 IP 的传播力和影响力大增。

当然，在芒果 TV 自身的平台上，也为用户提供了短视频的推广渠道。一方面，芒果 TV APP 中的众多频道中，如“原创”“生活”等就有优质的短视频内容分享，如图 8-33 所示。

◆ 图 8-33　“原创”“生活”等频道的短视频内容展示

而由图 8-33 中“生活”频道可知，该频道的短视频内容共包括“食刻”“潮流”“旅游”和“VLOG”4 个类别。其实，点击某一类别，还会发现更多细分领域。例如，在“潮流”页面，就显示了“妆容”“护肤”“穿搭”和“特辑”4 个细分类别，点击“食刻”页面，就会出现“好好吃”“日食记”“美食台”和“厨娘物语”4 个细分类别，如图 8-34 所示。

另一方面，进入芒果 TV APP，点击“有料”按钮进入相应页面，也会显示众多的短视频内容，在观看短视频的页面也有很多功能。

比如，除了一般短视频正常的点赞、评论和分享功能外，还有左下角的语音实时评论功能，只需要点击下方的“按住发语音”按钮即可发送实时语音。这也是其他短视频平台没有的功能，芒果平台新出的这个功能可以让观看视频的用户更加准确地表达情感，增加了用户之间的互动。

◆ 图 8-34 “潮流”页面的细分类别

因此，短视频运营者可以选择注册芒果 TV APP 账号，然后分享短视频至相应细分领域中，同样可以实现短视频内容的运营推广。

第9章

其他平台：凭借功能取胜

除了内容之外，功能也是各个平台引流推广的重点。因为不管你的内容有多优质，都需要借助平台功能的推广，获取更多用户的关注。

本章主要从各个平台的主要功能来讲述如何凭借其功能来进行推广引流，帮助企业和用户更好地利用各个平台进行短视频运营推广。

- ✧ 淘宝：两大入口，利用流量优势
- ✧ 京东：三大入口，便于视频分享
- ✧ 网易云：同步分享至微博，共享
- ✧ 微信公众号：更加利于构建品牌
- ✧ 今日头条：完成短视频矩阵布局
- ✧ 微博："@"功能与微博热门话题
- ✧ 一点资讯：短视频已成为重要内容
- ✧ 百度百家：两方面助力推广短视频
- ✧ 美团外卖：传播商家视频品牌故事
- ✧ 各平台群组：利用互粉群加以引流

121 淘宝：两大入口，利用流量优势

淘宝作为一个发展较早、用户众多的网购零售平台，每天至少有几千万人的固定访客。可见，在用户流量方面，是有着巨大优势的。而利用这一优势进行短视频的推广和产品、品牌宣传，其效果同样惊人。

在淘宝平台上，用户浏览短视频内容的入口也比较多，最主要的有两个，即“微淘”页面和商品“宝贝”页面。而运营者也可通过这些入口进行短视频推广。下面进行具体介绍。

❶“微淘”页面

运营者进入手机淘宝平台，点击“微淘”按钮，即可进入“微淘”页面，该页面中的“上新”“精选”“晒单”“时尚”“美食”“生活”“潮 sir”都显示了众多短视频内容。

运营者发布的与产品和品牌相关的短视频内容，完全可以通过这一渠道获得推广，让有着众多用户的淘宝平台上的更多用户关注到。图 9-1 所示为“微淘”中“时尚”和“生活”页面的短视频内容截图画面。

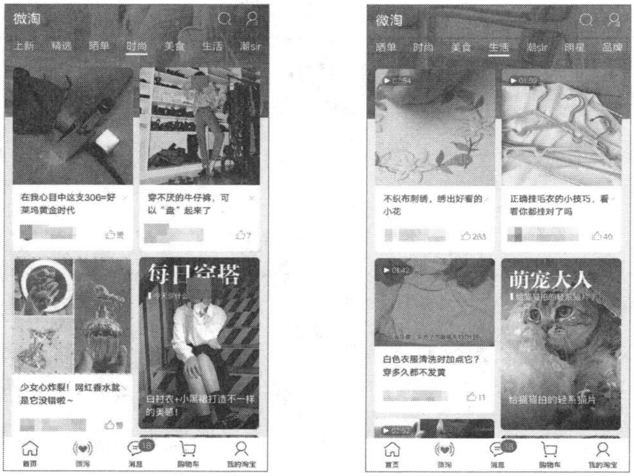

◆ 图 9-1 “微淘”中“时尚”和“生活”页面的短视频内容截图画面

❷ 商品“宝贝”页面

一般来说，在淘宝平台选择某一商品，进入该商品的“宝贝”页面，在上方的宝贝展示中显示两种内容形式，即“视频”和“图片”。

在这两种形式中，视频相对于图片来说，商品介绍明显更生动、具体，更容易让用户了解。特别是关于商品功能、用法等方面的内容，犹如面对面教学，一步步告诉你功能是怎样的以及如何使用该商品。图 9-2 所示为一款九阳豆浆机的“宝贝”页面的短视频内容和播放时的截图画面。

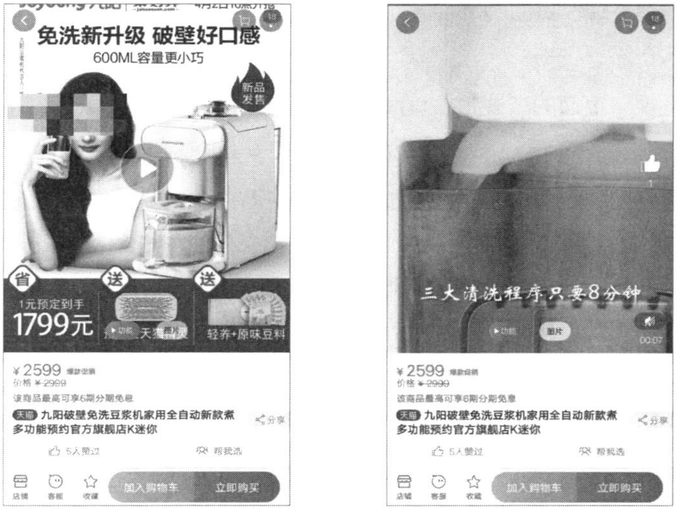

◆ 图 9-2　**九阳豆浆机的“宝贝”页面的短视频内容和播放时的截图画面**

与“微淘”页面的短视频内容一样，运营者可以把一些优质的介绍商品的短视频推广到“宝贝”页面中，供用户观看和了解商品。这不仅有利于短视频的推广，同时也是商家和企业进行营销时想要快速实现营销目标的必然选择。

专家提醒

在“宝贝”详情页面，有时候推广短视频内容的标签并不是如图 9-2 一样显示“视频”二字，而是直接展现视频内容的“功能”“外观”等字样。

122 京东：三大入口，便于视频分享

京东是我国一家数一数二的电商平台，京东旗下拥有京东商城、京东金融、京东云等产品品牌。在传统电商领域，京东商城拥有数一数二的行业地位。在粉丝经济时代，京东为寻求更好的发展，推出了各种形式的运营策略和功能，利用短视频进行产品和品牌宣传就是其中之一。

与淘宝一样，京东平台上的短视频入口也有很多，当然，最主要的推广入口有 3 个，即“发现”页面的“视频”“商品”页面和首页“京东视频”入口。下面将进行具体介绍。

❶“发现”页面的“视频”页面

运营者点击“发现”按钮进入相应页面，选择“视频”菜单切换到“视频”页面，在该页面中就显示了商家上传的各种短视频内容，如图 9-3 所示。浏览这些商品内容，发现都是介绍产品或功能、特点或其他与产品相关的知识。可见，京东商家可以通过推广短视频来推动产品、品牌的营销。

◆ 图 9-3　进入京东“发现”页面，点击“视频”即可进入

❷“发现”页面的“商品”页面

运营者搜索和查看某一商品，有时会发现在其“商品”页面，也显示了有关

于商品的图片和视频内容。其中，视频标志出现在下方中间位置，还显示了视频时长，如图 9-4 所示。

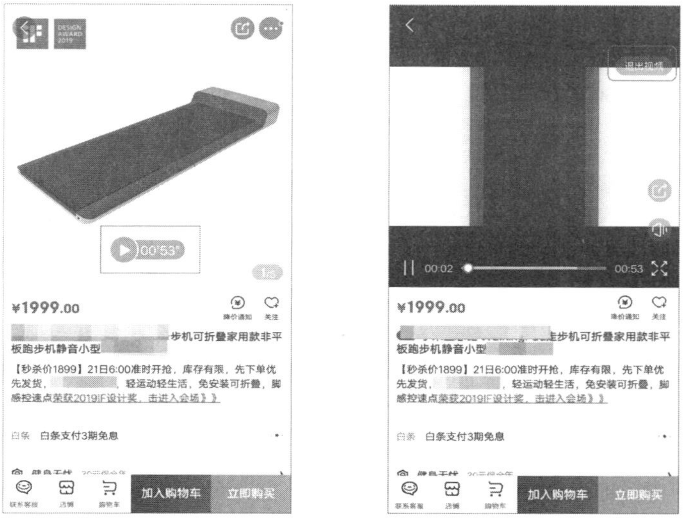

◆ 图 9-4　京东“商品”页面的短视频内容展示

只要点击即可进行观看，且在视频播放页面，还有一个分享按钮，用于分享和推广短视频。运营者可以将上传到京东商城中的商品短视频内容分享给微信好友和分享到朋友圈、QQ 好友、QQ 空间、新浪微博等。另外，还可以通过复制链接的方式在其他平台上分享短视频内容。

专家提醒

在关于某一商品的视频内容中，京东与淘宝是存在区别的，如在视频播放页面，在淘宝平台上有“点赞”按钮，而京东是没有的，但有“分享”按钮。另外，就“分享”功能而言，淘宝分享的内容是该商品图片、链接等，而京东可直接分享短视频。

❸ 首页“京东视频”入口

在京东平台上，除了与淘宝相似的“发现”页面的“视频”和“商品”页面的短视频内容外，它还有一个专门的入口，即首页的“京东视频”入口。在首页中向下滑动，即可找到“京东视频”区域，点击“更多”按钮，即可进入“京东视频”页面，如图 9-5 所示。

◆ 图 9-5　进入“京东视频”页面

在该页面的“精选”页面中，可查看众多短视频内容。点击进去，可以看到科技范、时尚圈、生活家这几个细分栏目，在细分栏目下选择一个短视频进行点击，就可进入相应页面进行观看。

在视频观看页面只要视频内容足够优质，商品性价比高，那么用户就愿意点击视频右下角的“分享”按钮，分享短视频内容链接到朋友圈或者 QQ 空间等多个社交平台，从而达到推广短视频的目标。

123　网易云：同步分享至微博，共享

抖音短视频与音乐是分不开的，因此用户还可以借助各种音乐平台来给自己的抖音号引流，常用的有网易云音乐、虾米音乐和酷狗音乐。

以网易云音乐为例，这是一款专注于发现与分享的音乐产品，依托专业音乐

人、DJ（Disc Jockey，打碟工作者）、好友推荐及社交功能，为用户打造全新的音乐生活。网易云音乐的目标受众是一群有一定音乐素养、较高教育水平、较高收入水平的年轻人，这与抖音的目标受众重合度非常高，因此成为抖音引流的最佳音乐平台之一。

用户可以利用网易云音乐的音乐社区和评论功能，对自己的抖音进行宣传和推广。例如，抖音原创音乐人徐秉龙就非常善于利用网易云音乐进行引流。如图 9-6 所示为徐秉龙在抖音的个人主页截图。

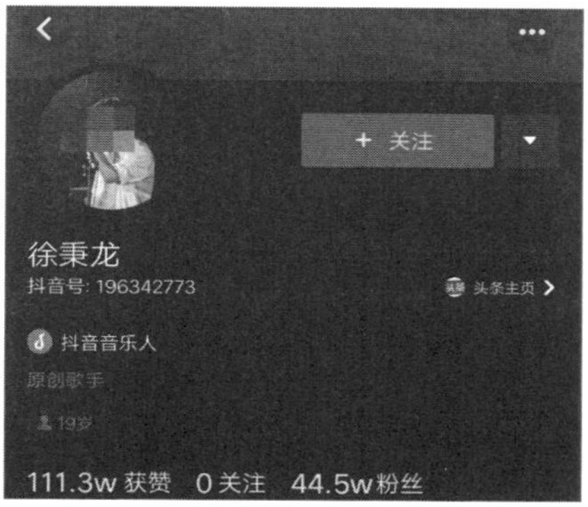

◆ 图 9-6　徐秉龙在抖音的个人主页截图

他在抖音上发布的歌曲包括《白羊》《青柠》《心事》以及《鸽子》等都被粉丝广泛使用。

如《白羊》这首歌还获得了抖音“看见音乐计划”活动的第二名。徐秉龙在网易云音乐平台中对这首歌的宣传也做出了很多努力，通过在歌曲评论区和粉丝进行深度互动，推广自己的抖音账号，吸引他们前往抖音使用《白羊》作为 BGM 拍摄短视频。《白羊》这首歌在网易云音乐平台上的评论量达到了 20 多万人次。

因此，评论推广也是音乐平台引流的有效方法。除此之外，用户还可以利用音乐平台的主页动态进行引流。

例如，网易云音乐推出了一个类似微信朋友圈的功能，用户可以发布歌曲动态，上传照片和发布 140 字的文字内容，同时还可以发布抖音短视频。可以非常直接地推广自己的抖音号。

124 微信公众号：更加利于构建品牌

微信公众号，从某一方面来说，就是个人、企业等主体进行信息发布并通过运营来提升知名度和品牌形象的平台。运营者如果要选择一个用户基数大的平台来推广短视频内容，且期待通过长期的内容积累构建自己的品牌，那么微信公众平台是一个理想的传播平台。

在微信公众号中发布内容，使用最多的发布形式有两种，即“标题 + 短视频”形式，如图 9-7 所示，以及“标题 + 文本 + 短视频”形式，如图 9-8 所示。

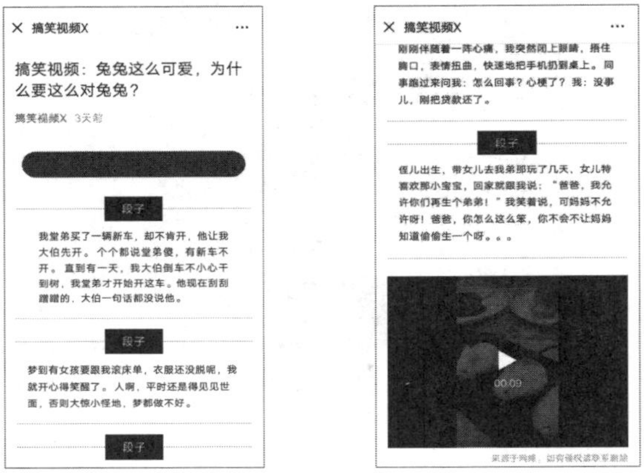

◆ 图 9-7　微信公众号发布内容的形式——“标题 + 短视频”

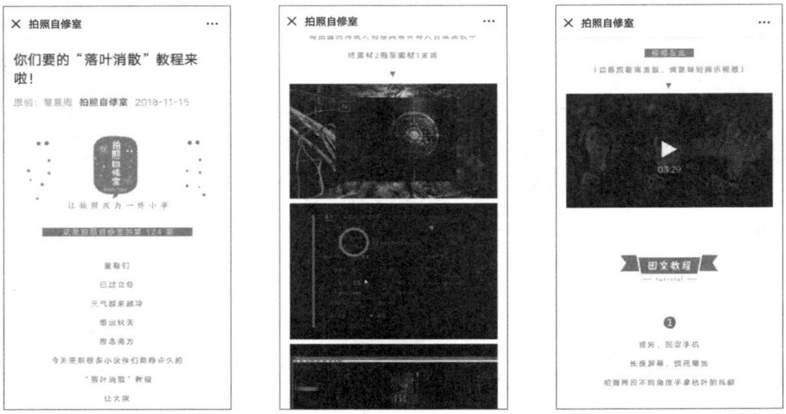

◆ 图 9-8　微信公众号发布内容的形式——“标题 + 文本 + 短视频”

通过微信公众号来推广短视频，除了对品牌形象的构建有较大促进作用外，它还有一个非常重要的优势，即微信公众号推广内容的多样性。在微信公众号中，运营者如果想要进行短视频的推广，可以采用多种方式来实现。

然而不管采用哪一种形式，都是能清楚地说明短视频内容和主题思想的推广方式，且在进行短视频推广时，也并不局限于某一个短视频的推广，如果运营者打造的是有着相同主题的短视频系列，还可以把视频组合在一篇文章中联合推广，这样更能有助于受众了解短视频及其推广主题。

125 今日头条：完成短视频矩阵布局

今日头条是用户最为广泛的新媒体运营平台之一，因其运营推广的效果不可忽视，所以众多运营者都争着注册今日头条来推广运营自己的各类短视频内容。

大家都知道，抖音短视频、西瓜视频和火山小视频这 3 个各有特色的短视频平台共同组成了今日头条的短视频矩阵，同时也汇聚了我国优质的短视频流量。正是基于这 3 个平台的发展状况，今日头条这一资讯平台也成为推广短视频的重要阵地。图 9-9 所示为今日头条的短视频矩阵介绍。

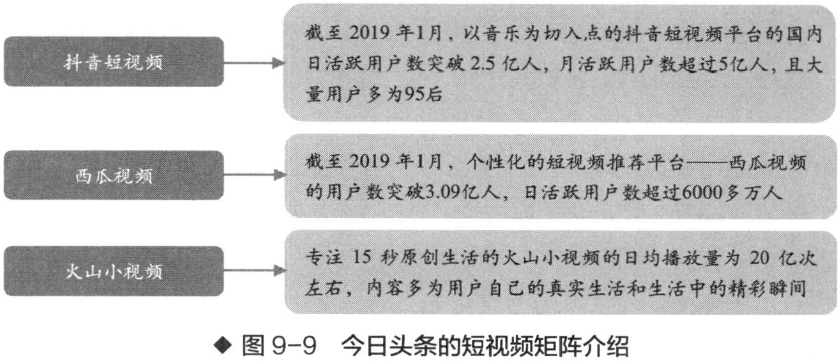

◆ 图 9-9　今日头条的短视频矩阵介绍

在有着多个短视频入口的今日头条上推广短视频，运营者为了提升宣传推广效果，应该基于今日头条的特点掌握一定的技巧。

❶ 智能推荐

今日头条的推荐量是由智能推荐引擎机制决定的，一般含有热点的短视频会优先获得推荐，且热点、时效性越高，推荐量越高，具有十分鲜明的个性化，而这种个性化推荐决定着短视频的位置和播放量。因此，运营者要寻找平台上的热点和关键词，提高短视频的推荐量，具体如图 9-10 所示。

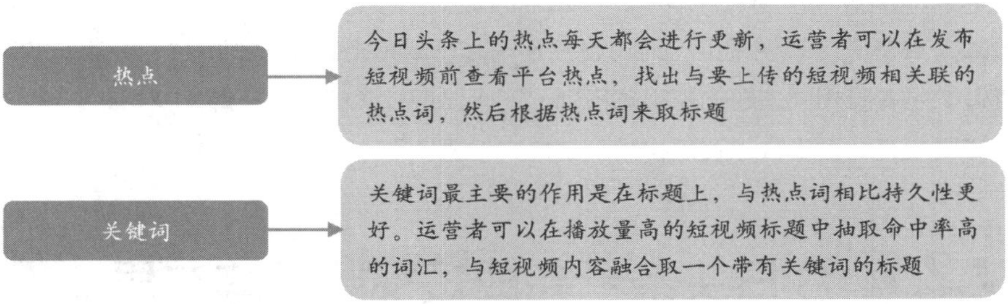

◆ 图 9-10　寻找热点和关键词提高短视频的推荐量

❷ 标题

上文已经多次提及标题，可见，今日头条的标题是影响短视频推荐量和播放量最重要的一个因素。一个好的标题得到的引流效果是无可限量的。因为今日头条的标题党居多，所以标题除了要抓人眼球，还要表现出十足的品质感。运营者应力争做一名有品质的取名高手。

❸ 严格把关

今日头条的短视频发布由机器和人工两者共同把关。首先通过智能的引擎机制对内容进行关键词搜索审核。其次，平台编辑进行人工审核，确定短视频值得被推荐才会推荐审核的文章。先是机器把文章推荐给可能感兴趣的用户，如果点击率高，会进一步扩大范围把短视频推荐给更多相似的用户。

另外，短视频内容的初次审核是由机器执行。因此，运营者在用热点或关键词取标题时，尽量不要用语意不明的网络或非常规用语，增加机器理解障碍。

126 微博："@"功能与微博热门话题

在微博平台上，运营者进行短视频推广，除了微博用户基数大外，主要还是依靠两大功能来实现其推广目标，即"@"功能和热门话题。

首先，在进行微博推广的过程中，“@”这个功能非常重要。在博文里可以“@”明星、媒体、企业，如果媒体或名人回复了你的内容，就能借助他们的粉丝扩大自身的影响力。若明星在博文下方评论，则会受到很多粉丝及微博用户关注，那么短视频定会被推广出去。

“宝马中国”曾通过“@”某明星来推广短视频和产品以及吸引用户关注。

其次，微博“热门话题”是一个制造热点信息的地方，也是聚集网民数量最多的地方。运营者要利用好这些话题，推广自己的短视频，发表自己的看法和感想，提高阅读和浏览量。

“大胃王朵一”的微博，它借助与内容相关的话题 # 美食大 V 秀 # 和 # 春日厨房 # 展开短视频推广。

127　一点资讯：短视频已成为重要内容

相较于今日头条，一点资讯平台虽然没有那么多入口供短视频运营来进行推广，但该平台上还是提供了上传和发表短视频的途径。

在“一点号”后台首页，单击上方“发布”右侧的▲按钮，在弹出的下拉菜单中 ❶ 选择“发视频”选项；进入“视频”页面，❷ 单击“视频上传”按钮，如图 9-11 所示。

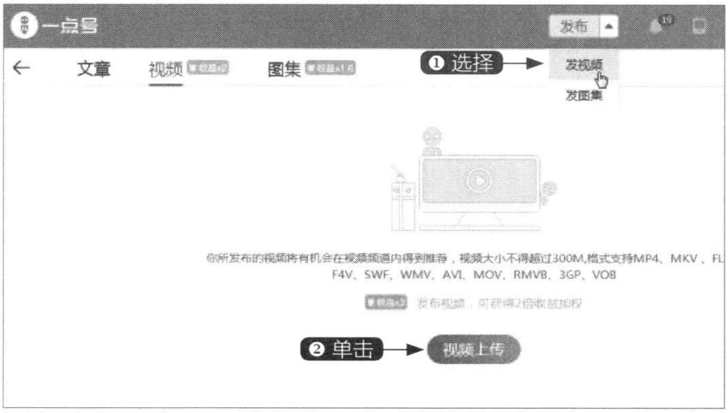

◆ 图 9-11　上传视频操作

在弹出的“打开”对话框中选择合适格式的视频上传。上传完成后，即可跳转到视频编辑页面，在该页面中进行相应设置，单击“发布”按钮，如图 9-12 所示，即可发表视频。

◆ 图 9-12　视频编辑页面

运营者发表短视频并审核通过后，会在一点资讯的“视频”页面中显示出来，从而让更多的人看到运营者发表的短视频。

当然，在发表时，要注意选准时间，最好是 6:00 ～ 8:30、11:30 ～ 14:00 和 17:30 以后。因为一点资讯平台的“视频”页面是按更新时间来展示视频的，选择这些时间推广，更容易显示在页面上方。

128 百度百家：两方面助力推广短视频

百度百家作为百度旗下的自媒体平台，运营者只要注册了百家号，就可以在上面通过多种形式的内容进行推广，视频内容就是其中之一。图 9-13 所示为百家号的“发布视频”页面部分内容展示。

◆ 图 9-13　百家号的“发布视频”页面部分内容展示

在利用百家号推广短视频时，除了一些常规性内容（标题、封面、分类、标签和视频简介等）要注意推广技巧，运营者还有两个方面需要注意。下面进行具体介绍。

❶“定时发布”功能

在百度百家平台上，运营者可以在编辑完内容后，通过单击“定时发布”按钮，在弹出的“定时发文”对话框中设置发布的时间来发布视频。图 9-14 所示为“定时发文”对话框。

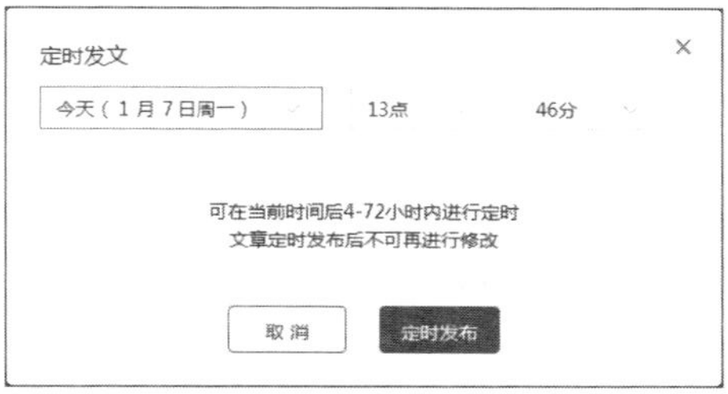

◆ 图 9-14　“定时发文”对话框

基于这一功能，运营者可以在空闲时间上传并编辑好视频内容，然后针对目标用户群体属性，选择合适时间实现精准发布。这样可以大大提升视频的曝光度，促进短视频的推广。

❷ 借助热门活动

在百家号后台“首页”的公告区域下方，会经常显示各种热门活动，例如奖励丰厚的“百万年薪”和“千寻奖”，短视频创作者完全可以参与。如果获奖，则不仅能增加收益，还能提升创作者的知名度，促进短视频的推广。

129 美团外卖：传播商家视频品牌故事

在各种从事营销的平台上，不仅淘宝、京东等平台可以进行短视频推广，在外卖平台上同样有短视频的身影存在——主要存在于“品牌故事”页面，用于介绍品牌和产品。在此，以美团外卖为例，介绍该平台上的短视频推广。

例如“尊宝比萨”餐饮品牌，就在其美团外卖平台的某一店铺的“商家”页面，点击“品牌故事”按钮进入相应页面，即可观看其短视频内容。

该短视频内容通过讲述“坚守一份事业需要多少时间”的故事，告诉读者手工做一份比萨所需要花费的时间，最终阐述“手工的，才是用心的”的品牌理念。

又如，大家熟悉的“香他她煲仔饭”餐饮品牌，同样是通过短视频内容来进行宣传推广的。在“品牌故事”页面，该餐饮品牌通过“人气篇”“香菜篇”和“香米篇”比较全面而系统地介绍了该品牌及其产品，让用户有一个更深的了解。

130 各平台群组：利用互粉群加以引流

互粉的意思就是相互关注，即你关注我，我也会关注你。这个方法在抖音早期非常适用，很容易达到十几万的粉丝级别。但随着抖音的发展，互粉的效果已经越来越差。此时，用户可以利用互粉社群来进行引流，弥补直接互粉的不足。

当社群中的用户发布抖音作品后，可以将其分享到群里，让大家帮忙转发和点赞，“众人拾柴火焰高”，自然能够快速成为爆款。如图 9-15 所示为社群引流的一些技巧。

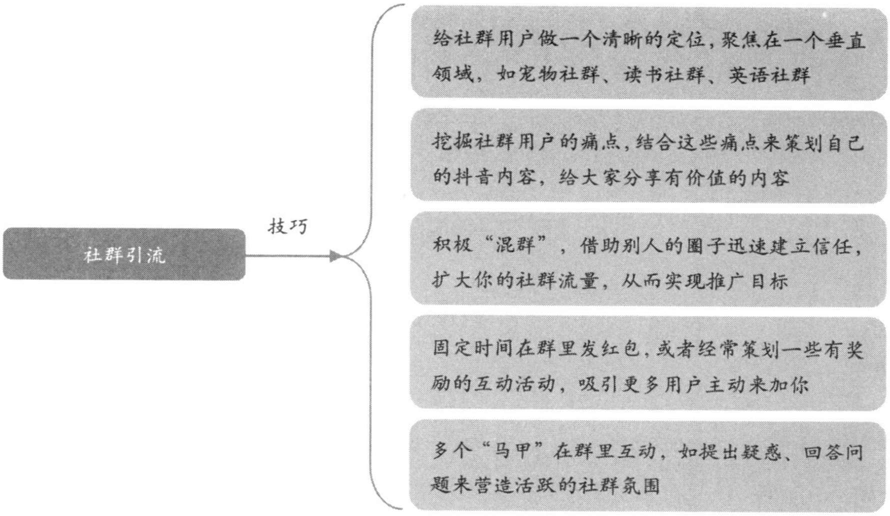

◆ 图 9-15　社群引流的技巧

131　朋友圈：打造好朋友圈，助力推广

朋友圈这一平台，对短视频运营者来说，它虽然一次传播的范围较小，但是从对接收者的影响程度来说，却具有其他一些平台无法比拟的优势，如图 9-16 所示为利用朋友圈推广短视频的优势。

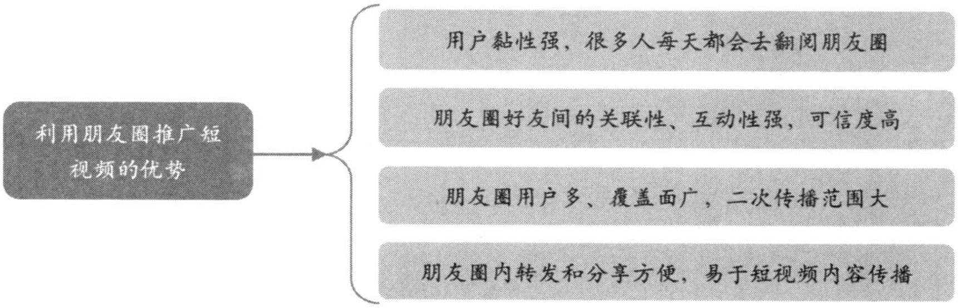

◆ 图 9-16　利用朋友圈推广短视频的优势

那么，在朋友圈中进行短视频推广，运营者应该注意什么呢？在笔者看来，

有 3 个方面是需要重点关注的，具体分析如下。

（1）运营者在拍摄视频时要注意开始拍摄时画面的美观性。因为推送给朋友的视频，是不能自主设置封面的，它显示的就是开始拍摄时的画面。当然，运营者也可以通过视频剪辑的方式保证推送视频“封面”的美观度。

专家提醒

运营者如果想要让好友一眼就明白视频的主题，可以通过添加字幕的方式在视频开始播放位置进行设置。

（2）运营者在推广短视频时要做好文字描述。因为一般来说，呈现在朋友圈中的短视频，好友看到的第一眼就是其“封面”，没有太多信息能让受众了解该视频内容。因此，在发布短视频之前，要把重要的信息放上去。

如图 9-17 所示，第一张图描述加起来没有一行字，而且都没有说到重点，这样是没法吸引别人去看的。第二张图就不同了，文中出现了“买5送1”的字样，这就是很常见的营销方式，这样一来不仅从文案中就可以让大家了解短视频里面的内容，还可以吸引大家点击播放。

◆ 图 9-17　做好重要信息的文字描述

（3）运营者推广短视频时要利用好朋友圈评论功能。朋友圈中的文本如果字数太多，是会被折叠起来的，为了完整展示信息，运营者可以将重要信息放在评论里进行展示。

如图 9-18 所示，将两张图进行对比，一张是被叠加的文案，另一张是直接将文案放在评论区。这样就会让浏览朋友圈的人看到推送的有效文本信息了，也是一种比较明智的推广短视频的方法。

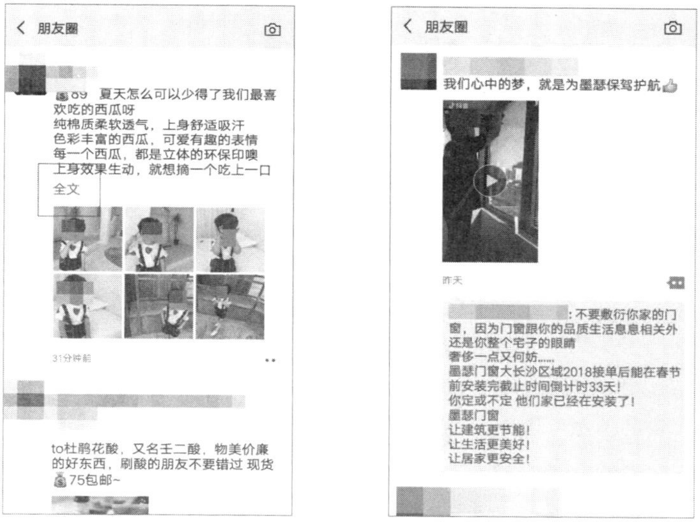

◆ 图 9-18　**利用好朋友圈的评论功能**

132　QQ 空间：共有七大方法引导关注

QQ 空间是短视频运营者可以充分利用起来的一个好地方。当然，运营者首先应该建立一个昵称与短视频运营账号相同的 QQ 号，这样才能更有利于积攒人气，吸引更多人前来关注和观看。下面就为大家具体介绍 7 种常见的 QQ 空间推广方法，如图 9-19 所示。

QQ 空间小视频推广案例，在第一张图右上角有一个加号，点击该加号就可以看到第二张图的画面，用户可以直接点击相册进行选取上传本地内容，也可以直接拍摄。另外，QQ 空间的视频拍摄界面还有很多特效、滤镜和美颜，可以根据用户自己的需求去设置。

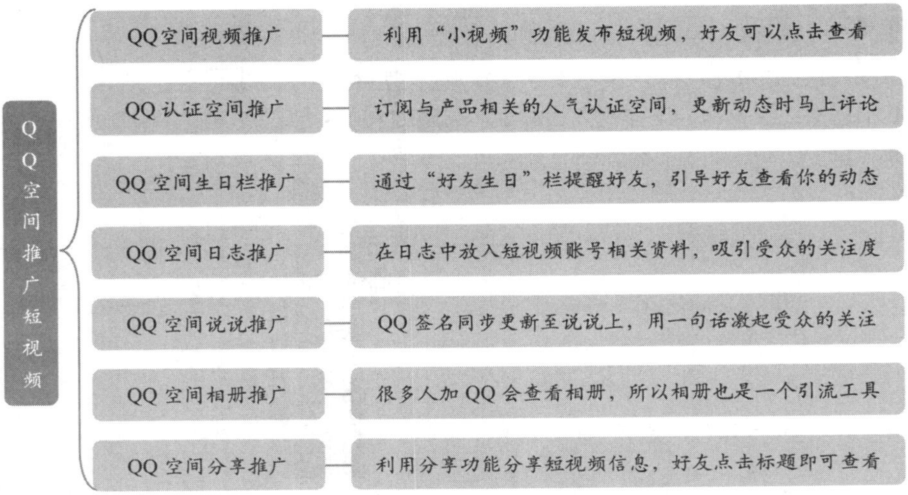

◆ 图 9-19　7 种常见的 QQ 空间推广方法

当你将视频发布出去之后就会出现第三张图的界面，这属于比较热门的视频，要达到此种效果，内容必须有质量才行。QQ 空间的小视频界面也有跟其他短视频平台一样的点赞、转发、评论功能，不过在这些功能上还加了一个秒转的功能，用户只要点击这个秒转功能，就会被平台直接转发至用户的 QQ 空间。

QQ 空间认证是经过腾讯的官方进行认证过了的，主要针对知名的机构、媒体、品牌以及名人，对其专属认证的 QQ 空间，如图 9-20 所示。

这个名字叫“小片片说大片”就属于 QQ 空间认证了的，粉丝数有 6 万人。所以用户只需要找到并订阅跟自己产品相关的人气认证空间，经常在里面推广，同样可以发挥不小的推广效果。

如图 9-21 所示为 QQ 好友生日设置查看界面。具体步骤如下：打开 QQ 空间邮箱，在邮箱的右侧有一个“生日提醒”，点击查看所有好友生日，然后界面提醒你是否导入所有好友的生日，点击“确定”，等待的时间可能要几分钟，需要耐心等待，等导入成功后，就可以通过一个日历表来查看本月生日的好友了。也可以根据自己的需求同步到自己的手机或者邮箱，并设置提醒功能。

如图 9-22 所示，可以在 QQ 空间的日志里面加入自己需要推广的品牌或者产品，当别人去浏览你的日志时，就已经是在推广了。

◆ 图 9-20　QQ 空间认证案例

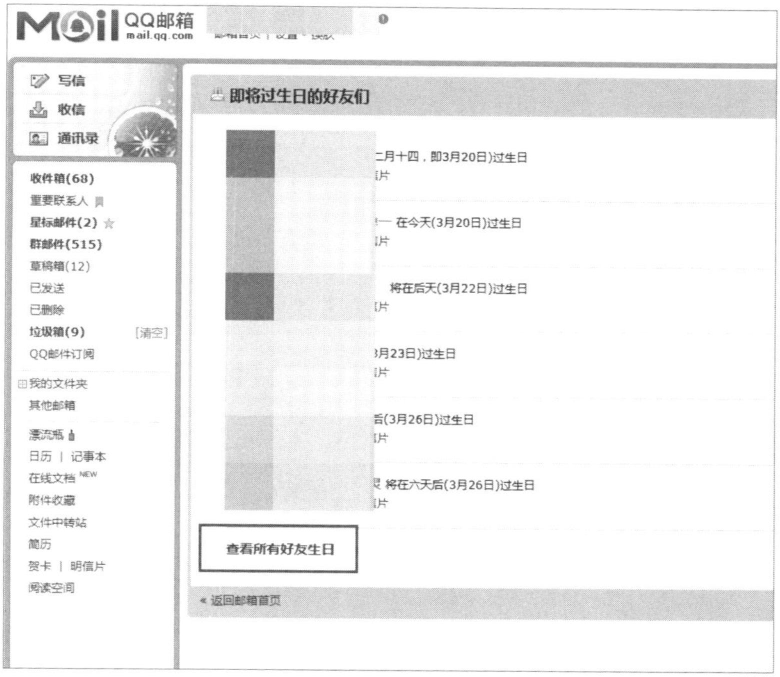

◆ 图 9-21　QQ 好友生日设置查看界面

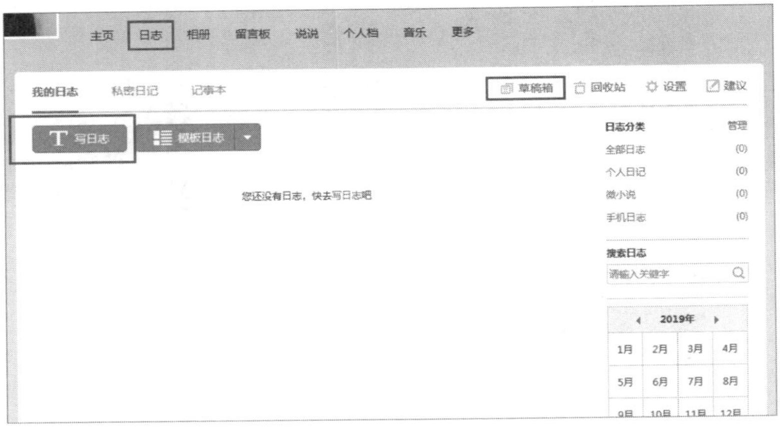

◆ 图 9-22　QQ 空间日志功能

如图 9-23 所示为某位用户的 QQ 签名截图画面，其签名和她的“说说”是同步的，她的签名大部分加链接、加 @、加“进群”字样，这就是很明显的推广。

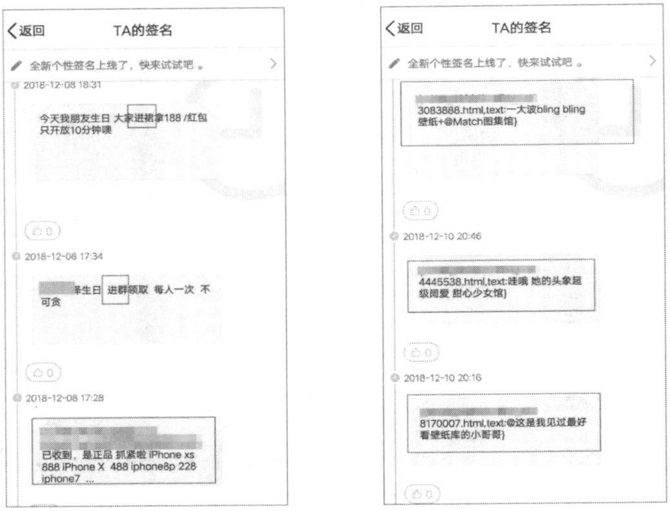

◆ 图 9-23　某位用户的 QQ 签名截图画面

QQ 相册在推广时，有的人会因为好奇想要进一步了解，可能就会点击“相册”进去看，将“相册”中放入产品的图片，可以有效地进行推广。

当你发表了“说说”之后可以再次利用文案右下方的分享按钮，再次转发，这样做可以让更多的用户看到你推广的产品，因为你发“说说”的时候只有那个时间段在线的人才可以看到，过了不久就会被别人发表的“说说”刷下去，但如果你在不同的时间段进行分享，就会有更多不同时间段在线的用户可以看到。

133 地铁：两大广告优势实现精准推广

在城市交通工具中，地铁无疑是比较受大家欢迎的——乘地铁成为节约时间和避免堵车的交通方式之一。而在乘坐地铁的人群中，以上班族和商务人员居多，基于此，很多广告主选择了地铁进行短视频推广。对广告主来说，利用地铁广告位进行短视频推广主要具有两个方面的优势，具体如图 9-24 所示。

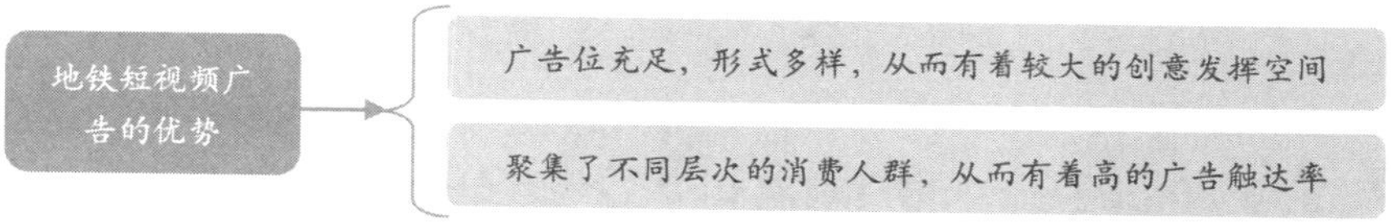

◆ 图 9-24　地铁短视频广告的优势

当然，在进行地铁短视频广告的运营推广时，运营者要注意区域化、精准化。一般来说，不同地区的地铁，其短视频广告内容应该具有差异性，如湖南湘窖酒厂的短视频广告，其选择的目的地就是长沙地铁，具有明显的区域性。

更重要的是，即使在同一个城市，每条地铁线由于其经过路线的不同，乘客也会有着很明显的属性差异，那么短视频广告也应该进行个性化、精准化投放。例如，一般通往火车站、机场的地铁线，乘客很多是长途而来的，或是旅游，或是路过，运营者可以播放一些城市或周边的具有特色的景点、特产等，从而实现推广。

134 商圈：广告主更明确的短视频推广

城市商圈，聚集起来的一般是年轻、时尚和有个性的消费者，消费者属性非常明显，因而选择进行商圈短视频广告推广的广告主也很明确，一般选择处于时尚或科技前沿的品牌，其类别如图 9-25 所示。

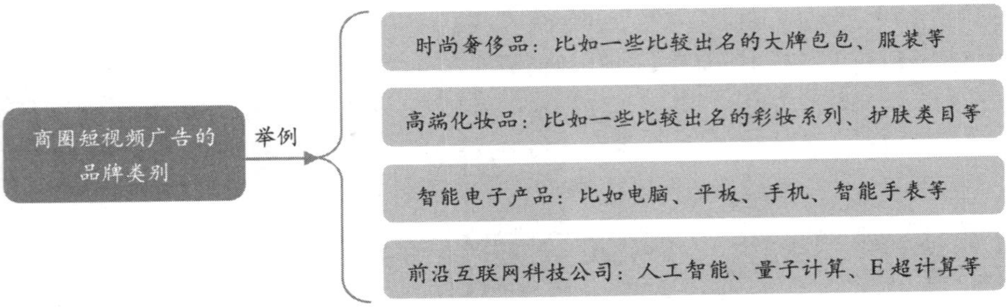

◆ 图 9-25　商圈短视频广告的品牌类别

当然，无论是从商圈所处的地理优势和聚集的大流量来看，还是从广告主所处的发展路线来看，位于商圈类的短视频广告，价格一般比较贵。当然，在短视频展现方面，也是物有所值的，一般通过商场内外的大屏广告屏来展示，能让更多的人注意到。

135 候车：交通和公交候车亭视频推广

人们想要乘车时，由于每一趟车之间存在间隔和所经线路较长，总会遇到需要等车的情况，比如，公交车的候车亭，人们有时甚至需要在那里停留半小时以上。

在候车时，人们总会感到无聊和尴尬，这时就需要一个关注点来满足人们的视觉需求。如果在公交候车亭播放短视频广告，那么，即使那个广告人们已看了很多次，但为了在无聊时打发时间一定还去观看。

这样的短视频不仅能满足人们的视觉需求，让人们观看到有意思的画面和有趣的内容，还能进行短视频推广，且这一方式具有极大的推广优势，具体分析如图 9-26 所示。

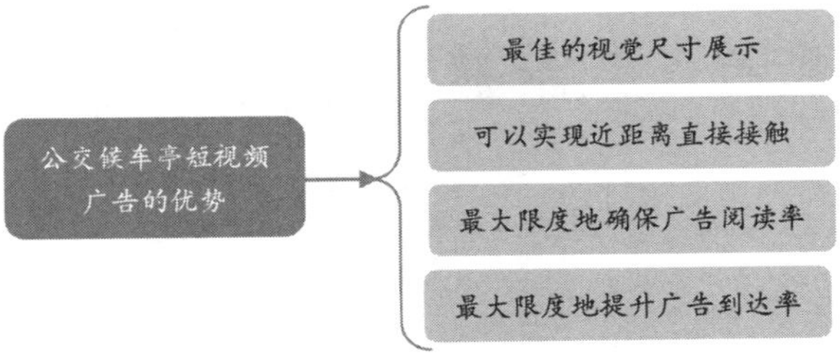

◆ 图 9-26　公交候车亭短视频广告的优势

136 社区电梯：稳定而刚需的视频推广

社区电梯是推广短视频的一个重要场景，当然也是一个颇具优势的推广方式。虽然这种短视频广告具有资源有限且费用较高的劣势，但还是因为社区用户方面的优势而让一些企业和商家纷纷投入其中。关于社区电梯广告的优势，具体分析如图 9-27 所示。

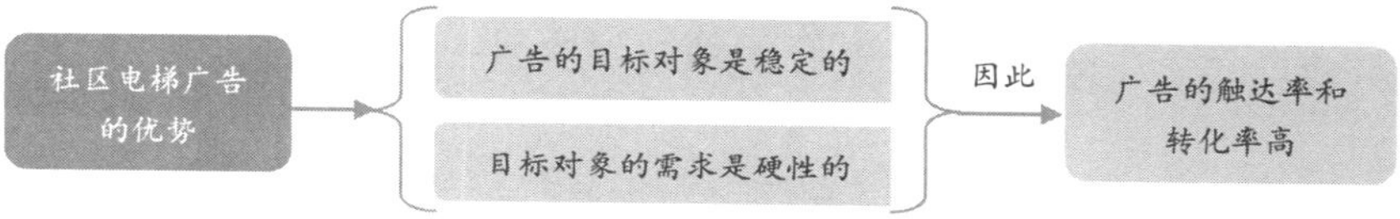

◆ 图 9-27　社区电梯广告的优势

图 9-28 所示为社区电梯短视频广告案例。这两则广告时长都只有几秒，是明显的短视频式，且其所推送的内容也是符合其社区用户的——无论是京东，还是森哥集成灶，都是社区用户需要的，因而在转化率方面会比较高。

◆ 图 9-28　社区电梯短视频广告案例

137 电子邮件：实现一对一接收的推广

电子邮件推广，是指将视频通过邮件的方式分享给特定的好友。使用这种方式推广，更加具有针对性，能实现一对一的视频交流，确保了视频的保密性和安全性。

关于短视频的电子邮件推广，在很多短视频 APP 上都可完成，如大家熟悉的抖音、美拍、西瓜视频等。当然，也有一些短视频 APP 并不支持一键分享到电子邮件的操作。在此，以抖音为例，介绍如何一键分享短视频的操作，具体过程如下。

步骤 01 在短视频页面，❶ 单击“分享”按钮；弹出“分享到”窗格，❷ 点击“更多分享”按钮。

步骤 02 执行操作后，跳转到相应窗格，点击“电子邮件”按钮；进入“Mail”页面，登录邮箱并设置相关信息，即可完成短视频的分享和推广操作。

专家提醒

将视频通过邮件的方式发送给亲朋好友虽然能有针对性、准确性地发送给想要发送的人，但是，已经发出去的邮件是无法撤回的，即使是自己将它删除别人依然能收到。所以，在通过邮件发送视频的时候，一定要认真、仔细地选择好收件人。

第10章

用户数据：精准分析引流

面对短视频的营销推广风口，运营者想要在竞争中获得胜利，就必须了解自己的受众群体的数据，进行精准分析，从而达到引流的效果。

其包括用户的性别、年龄、地区、职业和消费等方面，运营者需要对这些方面进行全面了解，才可以为这场战争打好营销基础。

- ✧ 粉丝：如何快速增粉引流
- ✧ 性别：男女比例各占多少
- ✧ 年龄：什么年龄段用户多
- ✧ 地域：主要分布在哪些地区
- ✧ 职业：分析用户职业属性
- ✧ 消费：分析用户消费能力
- ✧ 星座：哪些星座用户最多
- ✧ 访问量：让用户了解品牌
- ✧ 熟悉程度：全面了解品牌
- ✧ 喜好程度：喜恶一目了然

138 粉丝：如何快速增粉引流

随着互联网行业的发展，各种短视频平台层出不穷，比如现在正火的抖音、快手、美拍、秒拍等，随着这些短视频 APP 的出现，也降低了制作视频内容的门槛，不管是谁，只要你有网络，有一台手机，就可以随时随地拍，随时随地上传到互联网。在短视频的风口下，带动了人人参与的热潮。各大短视频平台实时的互动模式也给用户带来了全新的体验。

在短视频正火的当下，人人都想利用短视频来获取收益。那么，想要利用短视频获取收益，该怎么做呢？下面就拿抖音短视频平台来举例说明。

在抖音平台上想要利用短视频获取收益，有一个前提是，你的 IP 必须要有流量，因为有流量才可以扩大知名度。那么，流量又是怎么来的呢？这里就不得不提到那群庞大的粉丝群体。在各大互联网平台，粉丝即流量，流量即收益，所以想要在抖音平台上获取收益，首先就必须有足够多的粉丝。那么，用什么方法可以让自己的 IP 快速增粉呢？

抖音平台快速增粉方法可以分为以下几点。首先就是让更多的人看到你发布的短视频的内容，这就需要抖音平台的帮助。这一步就是需要获得抖音平台的推荐。让抖音用户帮助你上热门，因为只有上了推荐才可以让更多的用户看到你，才有机会上热门。那么，该怎么做才可以让抖音平台帮你上热门呢？

这就可以从你短视频的内容入手。抖音作为一个社交性的社区平台，有庞大的用户基础，每天更新的短视频也是非常之多，想要获得抖音平台的流量分发，那么你的短视频的内容必须优质，优质的内容是获得平台推荐的前提。

笔者经常听身边的朋友说，抖音有“毒”，一刷就是几个小时，根本停不下来。一刷就是几个小时，肯定是短视频的内容吸引了用户，用户才会一直刷，所以内容不优质，怎么保证用户一直刷呢？那么，上了抖音推荐的短视频肯定是拥有优质内容的短视频，所以就得出优质内容是上抖音推荐的前提这一结论。

那么，怎么才算是优质的短视频内容呢？这就必须让短视频内容中包括如下的某一点：第一个是满足用户的好奇心，因为有了好奇心的驱使，用户才会选择去看；第二个是共鸣感，当用户跟你的短视频内容产生情感共鸣时，用户也会选择去看你的短视频，因为用户找到了情感上的共通点；第三个就是新鲜感，当人们对一个事物感到新鲜的时候，热门往往就想要去了解它，所以新鲜感就是驱使用户去观看的动力。

总的来说，其实只要你换位思考，当你作为观看者，知道自己想要看什么，就可以知道什么才是其他用户想要看到的。这就是运营者想要创作出优质内容的思考方向。

当你的短视频有了优质的内容之后，接下来就是如何选取主题。抖音平台的分发机制和传统的内容分发机制不一样，抖音在运营推荐上是有比例控制的，也是具有一定策略调配的。

传统的内容分发机制是，当一个用户最近关注一个主题后，推荐给该用户的都会是符合这个主题的内容。比如，一个用户最近比较关注美食类的短视频，那么，平台就会给这个用户推荐大量的美食类视频内容。

而抖音平台不一样，它的推荐机制跟传统内容分发机制的区别就在于，在主题方面分配得比较均匀，不会像传统分发机制那样一味地统一，按照用户的喜爱来，抖音的内容分发机制是采用主题类型匹配的模式策略。

抖音用户的推荐页面，其关注的都是美食，但抖音平台也为其推荐了宠物和两性情感主题。

那么，抖音为什么要采用这种模式呢？按照用户的意愿来推荐内容不是更加会获得用户的喜爱吗？其实不是的。比如，一个用户一直看自己喜爱的美食主题，看得久了，很快就会腻了，如果用户在看美食主题的同时，还看看旅游主题、搞笑主题等，这样不仅可以保持对美食主题的喜爱，还可以发现其他类型的主题也很有趣。这样用户就会一直保持新鲜感。

目前有很多平台还一直采用传统的分发机制，而抖音平台采用的就是不断对推荐的内容进行调配分发，以保证不同类型主题合理的推荐比例。所以，运营者在选择主题类型时一定要丰富，才可以获得抖音平台的推荐优势。

当你发布了短视频后，一定要保持更新。在抖音平台和在其他平台一样，一定要保持尽量高的活跃度，就算是在你没有发布视频的时候，也可以在其他人的热门视频中进行评论，这样一来不仅可以让更多的人知道你的存在，也会给你带来一定的流量。但是如果你不保持高活跃度，一方面很难保持账号的权重，另一方面也非常容易掉粉。

一位加 V 认证了的红人，粉丝数 200 多万人，获赞数 1000 多万次，但他还是会在抖音推荐的热门视频中进行评论引流。

接下来讲抖音互动引流。抖音一经推出，就定义成一款社交属性很强的APP，从抖音平台推出的运营策略就可以看出，其主要就是以用户发布的内容为原始素材，展开全民参与内容交流互动的平台。

所以，如果想要利用抖音平台增粉，一定要多参加抖音平台的各种话题互动评论，也可以在自己发布的视频下评论回复，这样才可以累积更多的粉丝，增加作者和粉丝的亲密度。

比如，可以参加抖音的话题活动，以此来增加用户关注度。参加抖音的话题活动可以提升短视频的曝光度，短视频的曝光度增加了，只要正确引导用户，关注度自然而然地就增加了。运营者在参加话题活动时可以选取一些比较能引起用户共鸣的话题，比如前一阵很火的海草舞和C哩C哩舞等。

用户除了参加抖音平台的话题活动，还可以通过平台认证加V，增加身份属性，以此来获取其他用户的认可，从而达到增粉引流的目的。这是一个非常快速有效的增粉方式，抖音平台目前这种类型的用户不是太多，如果现在去认证就可以获得流量红利。

抖音平台加V认证步骤如图10-1所示。第一步，在抖音平台“我”的页面中找到第一张图里面的“设置”，然后点击“账号与安全”。第二步，找到第二张图的申请官方认证。第三步就是出现的第三张图。只要符合申请的3个条件即可立即申请加V认证。

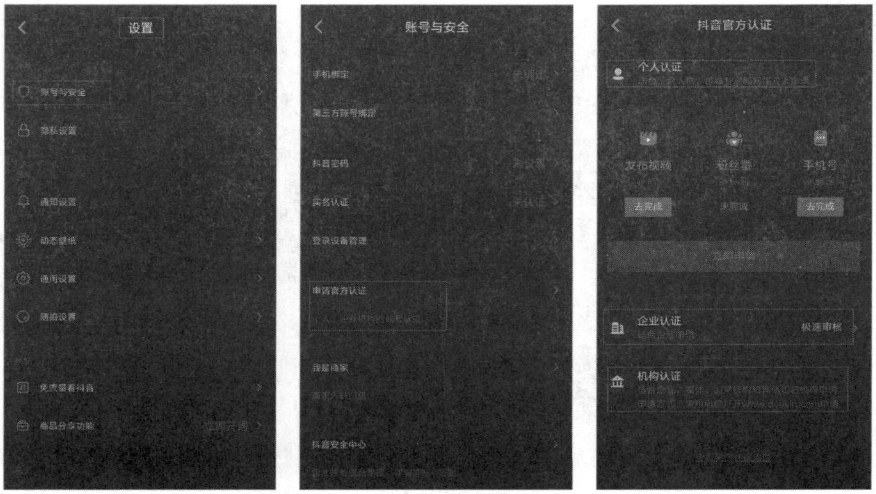

◆ 图 10-1 抖音平台加 V 认证步骤

申请条件即第三张图中的“发布视频”必须大于等于 1 个，粉丝量必须大于等于 1 万人，并且绑定手机号即可。认证还分为个人认证、企业认证和机构认证，在选择上只需要按照个人的归属来选即可。

当用户认证加 V 之后，抖音的官方在平台流量分配上面会有一定的流量倾斜，发布的短视频内容也会获得优先推荐权，可以增加上热门的概率。同时，其他用户看到明显的认证标识后也会对其认证用户增加可信度，从而增加粉丝量。

单单从抖音的搜索界面来说，加 V 认证的用户曝光度明显就比没有认证的曝光度要高，一般在搜索时，你会发现，同样的关键词，加 V 认证的用户都是排在前面的。而从好友列表来说，加 V 这个独特标识的，一眼就可以看到，可以为其用户增加更高的辨识度，如图 10-2 所示。

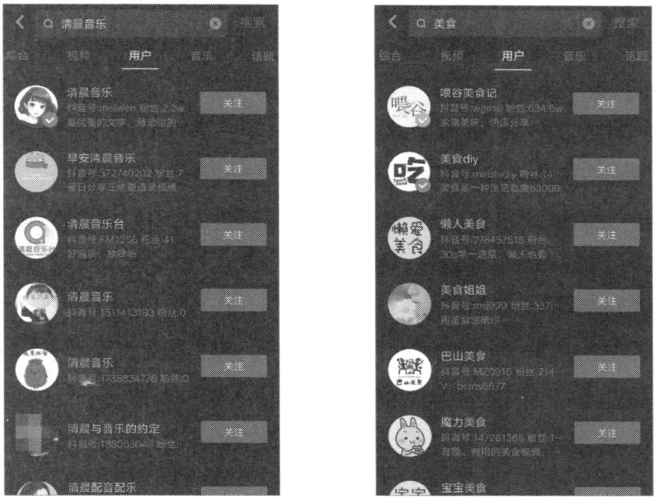

◆ 图 10-2　加 V 认证增加曝光度案例

另外，加 V 认证的用户更加容易获得广告主的青睐和认可，获得有效的经济收益，特别是那种拥有很多粉丝的用户，认证之后可以更加快速涨粉和实现商业变现。

再一个就是可以利用互粉互推的模式来实现引流增粉，不管是普通用户还是加 V 认证的用户，互粉互推的模式都是非常实用的，刚开始互粉互推时可以利用 QQ 群和微信群等一些社交平台的互粉群进行引流增粉，当积累到了一定的粉丝数量之后，再找跟你同类别或者同量级的用户进行互推，普通用户和大 V 用户推广的策略是一样的，唯一的区别是量级不同而已。

介绍这两个同类型的 IP 分别叫“仙女酵母”和“yuko 和魔镜”。“仙女酵母”在短视频的详情介绍中 @ 了“yuko 魔镜”，同样，“yuko 魔镜”也在另一个短视频中 @ 了“仙女酵母”。这就是典型的同类别 IP 互推案例。

互粉互推这种引流增粉模式曾是在微博经过认证了的，是非常有效且快速的推广方式之一。所以，同样的方法也适用于抖音平台。

最后就是利用各大社交平台为自己的 IP 引流，作为社交性非常强的抖音平台来说，想要增加粉丝不仅可以在抖音平台上，也可以利用其他平台进行宣传引流，如果你之前有过运营其他社交平台的经验，那么，操作起来就是一件很容易的事情，就是去其他社交平台打广告。

比如，你之前做过微博，在微博里面你肯定有一定的粉丝量和用户资源累积，从微博就可以直接将用户粉丝导流到抖音平台。这也是一种快速增粉引流的技巧。

“密子君”的 IP 最开始是在微博平台进行吸粉，现在已经跨到抖音平台，粉丝数量已有 1000 多万人，这中间绝对有同时关注两个平台的粉丝，而且还不少。这就是将微博粉丝导流到抖音平台的典型案例。

当运营者知道上述增粉引流的方法之后，就可以将这些方法实行到实际运营中，成功之后就可以利用短视频内容轻轻松松实现引流变现。

139 性别：男女比例各占多少

行业不同、短视频内容不同，那么，该抖音号的用户的性别属性也会存在一定的相同点和不同点。而运营者要做的是，从这些共性的性别属性中，确定自身要运营的短视频平台账号的目标用户群体的性别属性。图 10-3 所示分别为“李佳琦 Austin”和“柚子 cici 酱”抖音号的用户性别分布。

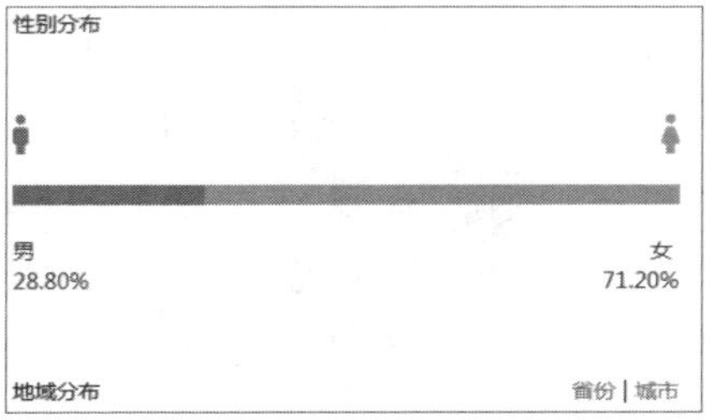

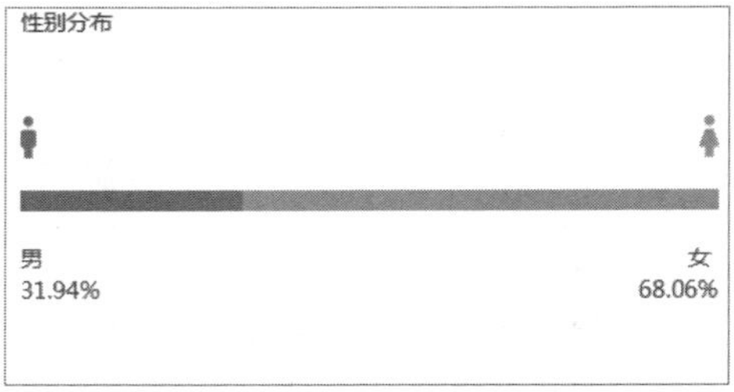

◆ 图 10-3 “李佳琦 Austin”和“柚子 cici 酱”抖音号的用户性别分布

由图 10-3 可知，“李佳琦 Austin”和“柚子 cici 酱”这两个与美妆相关的抖音号的用户性别分布中，女性用户占比远远大于男性用户占比。可见，不仅“抖音短视频”APP 的用户是以女性为主，该平台上的美妆类账号用户也是以女性为主。

基于此，运营者可能要基于“抖音短视频”APP 的用户性别分布情况，制订不同于微信公众号、头条号等平台的内容运营策略，增加更多适合女性用户的美妆内容。

140 年龄：什么年龄段用户多

图 10-4 所示分别为“李佳琦 Austin”和“柚子 cici 酱”抖音号的用户年龄分布。将鼠标指针移至占比最大的年龄段色块上，可显示该年龄段的用户占比数据。

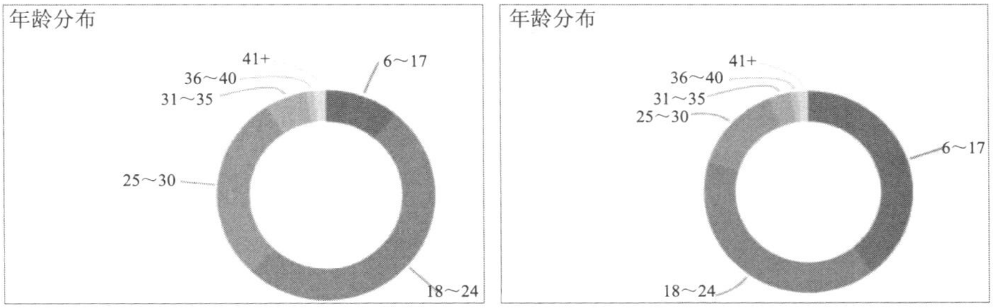

◆ 图 10-4　“李佳琦 Austin”和“柚子 cici 酱”抖音号的用户年龄分布

由图 10-4 可知，“李佳琦 Austin”和“柚子 cici 酱”两个与美妆相关的抖音号的用户年龄分布中，占比最大的是“18 ~ 24”这一年龄段内的用户，几乎在一半左右；其次是“25 ~ 30”这一年龄段内的用户。然而无论是“18-24”这一年龄段，还是“25 ~ 30”这一年龄段，都表明这两个抖音号的用户年龄大多在 18 ~ 30 岁之间，偏向年轻群体。

可见，这两个抖音号的用户年龄属性是与“抖音短视频”APP 的用户年龄属性大体相符的，由此可知其短视频内容是符合平台整体的用户定位的。因而这些抖音号获得了大量用户关注也就不足为奇了。

从这一角度来看，运营者可以根据自身情况，在观看这些抖音号内容的情况下安排后续的短视频内容，力图打造出符合用户偏好和能满足用户需求的内容。

141 地域：主要分布在哪些地区

图 10-5、图 10-6 所示分别为“李佳琦 Austin”和“柚子 cici 酱”抖音号的用户地域分布。在地域分布图中，可分为“省份”和“城市”两类分布数据情况，运营者可以一一查看。

地域分布　　省份 | 城市

名称	占比
广东	11.36%
江苏	8.06%
浙江	6.43%
山东	6.04%
河南	5.53%
四川	5.40%
安徽	4.05%
湖南	4.02%
河北	3.88%
辽宁	3.68%

地域分布　　省份 | 城市

名称	占比
北京	5.47%
上海	5.25%
广州	4.61%
成都	4.46%
重庆	4.08%
深圳	4.00%
杭州	2.96%
武汉	2.83%
西安	2.72%
苏州	2.58%

◆ 图 10-5 “李佳琦 Austin”抖音号的用户地域分布

地域分布　　省份 | 城市

名称	占比
广东	13.49%
四川	7.04%
江苏	6.03%
浙江	5.87%
山东	5.60%
河南	5.24%
湖南	4.64%
湖北	4.10%
福建	3.77%
广西	3.70%

地域分布　　省份 | 城市

名称	占比
重庆	5.68%
成都	4.91%
北京	4.79%
广州	4.51%
深圳	4.30%
上海	3.77%
武汉	2.43%
西安	2.37%
长沙	2.01%
杭州	1.99%

◆ 图 10-6 “柚子 cici 酱”抖音号的用户地域分布

由图 10-5 和图 10-6 可知，“李佳琦 Austin”和“柚子 cici 酱”两个与摄影相关的抖音号的用户地域分布中，“省份”分布图显示占比最大的都是广东省，且都为 11% ~ 13%，远大于其他省份；“城市”分布图显示占比排名前十的是经济发达的城市，特别是“北京、上海、广州、深圳”和“成都”“重庆”六大城市，在这两个抖音号的用户地域分布中都出现在前十的排名中。

因此，运营者可以基于这些省份和城市的用户属性和工作、生活，进行资料的收集和整理，还可以基于抖音号的“同城”功能进行城市的切换，观看这些地方比较火的短视频内容。最后进行归纳总结，安排一些目标用户可能感兴趣的内容，相信这样可以吸引到更多的用户观看。

142 职业：分析用户职业属性

上文已经基于抖音号的数据对用户属性进行了分析，其实，除了这些以外，运营者还应该从抖音号的整体出发，了解更多的用户数据和属性。本小节就从抖音用户的职业出发来进行介绍。

大家都知道，抖音用户大多是 30 岁以下的年轻人，且以 20 ～ 28 岁的用户居多，而这一群人极有可能是刚毕业的大学生和踏入社会还不久的用户。官方数据显示，在职业方面抖音用户主要是白领和自由职业者。

这样的一群人，是有着鲜明特征的一群人——他们追求个性和自我，且容易跟风，追求流行时尚。因此，他们对于能更加展现自我美的一面和如何改造自己有着莫大的需求。从这一基于用户属性的特征和需求出发，在平台上发布符合他们需求的优质短视频内容，必然是受欢迎的。

“男生穿搭风向标”抖音号，该抖音号中随便一个短视频，其点赞量都有好几千次，有的甚至高达几十万次。像这种没有蹭热点和以干货为主的短视频，单单以它的吸引人的内容——让人如何才能更美，可见是非常成功的。这样也说明了穿搭类的内容是容易吸引人的。

143 消费：分析用户消费能力

根据易观智库提供的数据显示，在消费能力方面抖音用户更多的是中等消费者，其次是中高等消费者，如图 10-7 所示。

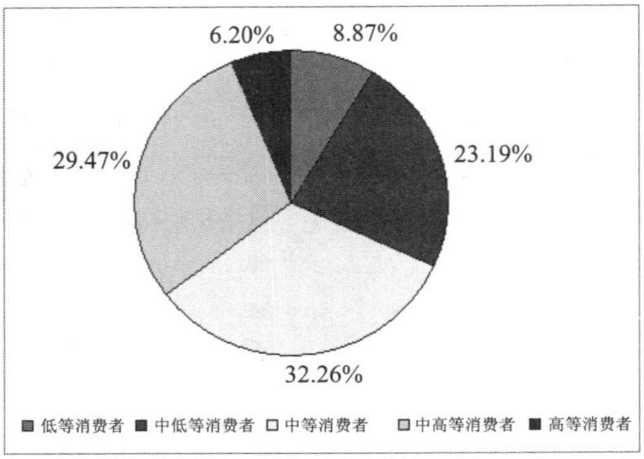

◆ 图 10-7　抖音用户的消费能力占比介绍

从图 10-7 中可知，无论是中等消费者还是中高等消费者，他们都有一定的消费能力，且其因为社会阅历和生活经历，对口袋里的钱没有那么着紧，且容易冲动性消费，因而是易达成成交的一群消费者。

144 星座：哪些星座用户最多

图 10-8、图 10-9 所示分别为“李佳琦 Austin”和“柚子 cici 酱”抖音号的用户星座分布图。图中对 12 个星座的用户一一进行了展示。

◆ 图 10-8　“李佳琦 Austin”抖音号的用户星座分布

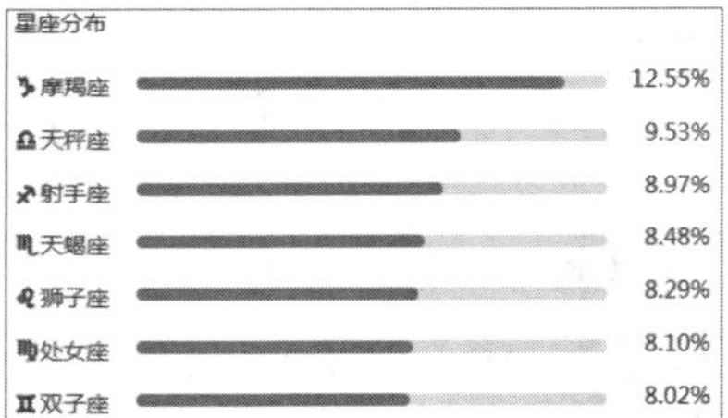

◆ 图 10-9　“柚子 cici 酱”抖音号的用户星座分布

由图 10–8 和图 10–9 可知，“李佳琦 Austin”和“柚子 cici 酱”两个与美妆相关的抖音号的用户星座分布中，占比最大的是摩羯座，其他用户占比都在 6% 以上。另外，大家可能已经发现了，“李佳琦 Austin”和“柚子 cici 酱”抖音号用户群体中的天秤座的占比也突破了 9%。

运营者可以基于这些占比较大的用户群体，推荐一些与他们的星座相关的摄影内容，或者基于占比较大的用户的共性特征，推荐相关内容。这样的话，是能更顺利地进行短视频运营推广的。

145　访问量：让用户了解品牌

现在是全民都在玩短视频的时代，不管是使用者还是短视频内容发布者，都在积极参与中，玩短视频的人的目的一共可以分为两种：一种是单纯带着娱乐性质的玩，另一种是想要利用短视频内容获得收益。

下面就以抖音为例，来讲讲第二种，想要利用短视频内容获益的用户。那么，就从抖音平台的用户访问量这方面来讲，如何利用访问量为短视频助力，让其他用户更加了解你的品牌产品，以达到商业变现的目的。

这里的访问量在抖音平台是指用户点击量和视频播放量，为什么在抖音平台有的人发布了视频却没人看，当用户将精心编辑了很久的短视频内容发布到平台上后，过了几个小时再去看，发现还是只有那少之又少的几个人的浏览量。这是为什么呢？

很多人都想不明白，为什么同样是发布视频，别人的短视频老是上推荐、上热门，而自己的却连几个赞都没有。

这个现象就是现在很多平台奉行的一个原则，那就是“强者越强，弱者越弱”，因为那些网红有庞大的粉丝群体，一旦他们有新作品发布，粉丝就会争着抢着去观看、评论、点赞、转发。这就是强者越强的原则，因为他们有粉丝基础。

这些粉丝就是他们最基础的访问量的保障，只要播放的指标达到了抖音平台的播放量，平台就会将其短视频推荐上热门。

但前提是你的视频内容足够优质才行，同样是美食，为什么第一个可以上推荐、上热门，而第二个就只能在角落默默无闻呢？其主要原因就是第一个不管是从画面颜色还是节奏的把握、背景音乐等方面都比第二个要好，所以第一个上热门是很正常的事情。

相反，如果你的 IP 账号粉丝都没几个，怎能产生大量的访问量呢？所以产生的结果只能是，发布出去的视频没有人看，但那些拥有庞大的粉丝群体的网红跟普通用户有一个共同点，即网红也是从 0 个粉丝变成现在拥有几百万甚至一千多万粉丝的网红的，这其中只是需要一个过渡期而已。

那么，问题来了，在这个过渡期还是要解决如何增加访问量的问题，究竟一个新人怎么做才可以做到发视频有人看呢？其实这是需要运气和技巧结合的事情。首先，用户必须有一个高质量内容的短视频，当发布短视频到平台之后，可以适当地做一些数据操控，这样就会有很大的机会上推荐、上热门了。

在这之前，需要知道抖音平台的推荐机制是什么。如果你发布到抖音平台的短视频是符合平台规定的，又是原创的，那么，抖音平台一般开始是将你的短视频推荐给 300 个正在使用抖音的在线用户，但是你发布的这个短视频能不能火起来，就要看你的短视频内容和这 300 个在线用户是否给力了。

推荐中偶尔刷着高分短视频的时候，中间就会出现那种点赞、评论都比较少的短视频内容，当你刷到的时候，那么你就是那 300 个初始用户中的一个。只要短视频中的内容可以打动你，这个短视频就有可能被你点赞、评论和转发，从而达到帮其推广的效果。

也就是说，如果你的短视频内容足够优质，或者说刚好做到了打动那 300 个初始用户的点，成功吸引了那 300 个用户，那么你的视频有很大概率会火，但是，想要这个短视频火的概率变得更大还需要注意以下几点。

第一点，短视频的内容必须是有创意的，视频内容的拍摄，取材、风格和选题都是有很大讲究的，总的来说，就是要在你的短视频内容合法合规的情况下，再在你的短视频内容中加上你的创意。

前阵子比较火的“捧脸舞”，女生很可爱反而没有火起来，男生用了更为夸张的表现方法拍摄了这个视频使点赞数达到了 10 多万次，这就是就加创意和不加创意的不同效果。

比如，才艺、技能、情感、戏剧冲突等，在这个看脸的社会，如果你发布的内容中有颜值比较高的小哥哥小姐姐再加上上述创意内容，短视频火的概率会更大。

一位“神仙姐姐”先是在短视频中各种美，然后画风突转，在画面中突然出现了一个吹风机，原来这么美的画面靠的是“神仙姐姐”的手动吹风。这就是颜值加上了反转创意，点赞数达到了 9 万多次。

但是如果你长相普通，就需要多花点心思在内容方面了，在短视频中尽量多加点让观看者意想不到的剧情，这样在剧情的加持下，短视频火的概率也会非常大。

特别是这位小姐姐还在短视频介绍中描述“这是个爱情故事吗”，观看者看到这个描述再去看视频，就和观众心中所谓的“爱情”形成强烈的反差感，这条短视频下面的评论也很有意思，比如就有抖友回复说“这是爱情故事吗友友，感觉失恋了似的”。

这条短视频的点赞数达到了 12 万多次，比上文中“神仙姐姐”的手动吹风还要多，所以说颜值也并不是决定一切的，运营者可以多想想什么才是可以打动观众的东西。

第二点就是多参加抖音官方发布的主题挑战。抖音官方每天都会发布很多挑战主题，只要你去迎合这些主题挑战，就可以增加很大的概率被抖音平台推荐，如果再加上上述第一点，短视频会火的概率就更大。

第三点就是多看抖音平台每天推荐的和上了热门的视频内容，可以去迎合这些视频中的内容。抖音平台每天都会出现一个或者好几个热点，比如有一阵流行甩臀舞、海草舞等。

有很多没有粉丝基础的用户直接翻拍这种热点视频，点赞数也是直接上万，或者几十万次，在那么多点赞的同时素人也增加了很多粉丝。除了大众模仿，还可以将这些热点内容进行改编，或许可以获得意想不到的效果。

改编的这个版本是幼儿园版本的，意想不到的是点赞数达到了 40 多万次，比模仿的高出了一倍左右。可见，创新也许可以得到更好的结果。

等这个过渡期过去了，用户只要持续按照方法去运营自己的 IP 账号，也可以成为下一个网红。当你成为网红之后，后续的访问量也就有了一个粉丝基础，上热门也就是轻轻松松的事情，而后，有了访问量为你的短视频助力之后，你就可以向你的粉丝群体推广自己的品牌产品。

这时打广告就是一件很简单的事情，只需要用适当的方法去转化粉丝，将粉丝变成购买力，就可以实现平台跟电商结合，变现也就很容易。

146 熟悉程度：全面了解品牌

品牌熟悉度是指消费者对其品牌的熟悉程度，一般会采用线上线下问卷调查的模式，让消费者或者用户填写，从而对答卷进行分析得到结果。

一个品牌的知名度可以让该企业知道，其品牌消费者的范围到底有多广，一个品牌的熟悉度则表示，消费者不止知道有这个品牌的存在，还要对该品牌有很深的了解，这就是品牌熟悉度。消费者对品牌的熟悉度较深就说明，这个品牌不止知名度广，而且用户认同度也相对而言比较高，品牌熟悉度比较浅的话，就说明此用户对该品牌不了解，一个人对某个东西不了解一般不会形成购买力。

品牌熟悉度可以分为以下 5 种不同的情况，如图 10-10 所示。

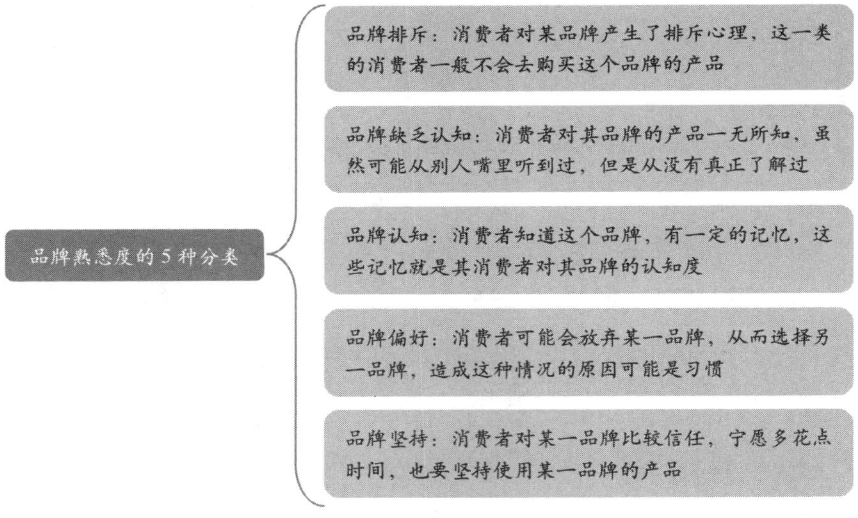

◆ 图 10-10　品牌熟悉度的 5 种分类

那么，如何让用户全面地了解品牌，增加用户的熟悉程度呢？下面就以抖音平台为例来讲讲如何利用这个平台增加用户品牌的熟悉度。

抖音短视频平台是现在非常火的短视频平台之一，在这种拥有庞大用户基数的平台流量的支持下，可以很容易地将品牌推向更广的用户人群，增加他们对其品牌的熟悉度。

以美肤宝为例。美肤宝创立于 1999 年，品牌定位是“专注于东方的养肤之道”，从品牌定位就可以看出，该品牌主要做护肤品，其中包括保湿、美白、防晒、紧致和彩妆这些类别，为用户提供更加全面的护肤之道。

美肤宝的官方账号粉丝数量在抖音平台只有 3.5 万人，比同类别护肤类的品牌大多要低，点赞数一共也只有 12.2 万次。

美肤宝官方账号发布的作品一共有 82 个，但每个视频的点赞数都是几千甚至只有几十，最高的也只有两万次左右的点赞数。那么，问题出在哪里呢？

美肤宝发布的作品大多内容是明星代言，也就是所谓的硬广告，就算不是明星代言的视频内容都是很平淡的那种，没有什么创意和戏剧冲突，而且运营者没有将抖音这个平台的功能充分利用起来，所以就导致美肤宝的官方账号一直处于不温不火的状态。

那么，想要增加用户的品牌熟悉度，应该怎样充分利用抖音这个平台呢？首先，企业可以将自己的品牌注册一个抖音官方账号，有了官方认证的账号可以增加用户对这个账号的信任度。

其次，运营者可以利用抖音的话题功能，多利用官方账号发布话题挑战，可以设置一定的奖励制度，或者可以让运营者去挑战抖音用户发起的话题，增粉引流，多发官方动态，增加活跃度，多跟评论区的用户互动，增加品牌和用户之间的亲密度。这些方法都可以让更多的用户更加了解品牌、熟悉品牌。

147　喜好程度：喜恶一目了然

品牌喜好程度是指消费者对某一品牌的喜爱度。消费者如果对某一品牌很喜爱，会导致他有关于这类产品的购买行为都是其品牌的，会是其品牌的忠实用户。有的消费者对某一品牌太过喜爱，可能其品牌一出新品他就会去购买，还会向身边的朋友进行推荐。

相反，如果消费者对某一品牌的喜爱度为 0，甚至可能是厌恶的程度，那么，他可能就不会去购买这个品牌的任何产品。

企业品牌是其财富的创造者，因为一个企业的品牌可以建立其跟客户之间的忠诚度，只有一个企业拥有忠诚的客户关系，才可以让企业购买环节的成本在比较低的情况下得到较高的销售量。另外，忠诚的客户关系还可以保证一个企业稳定和强劲的现金流。

说回本节主题，一个企业品牌的客户喜爱度要靠什么去维护呢？这里就要讲到一个企业很看重的一点，就是上述所说的客户忠诚度。客户对品牌的喜爱度是建立在一个企业拥有其忠诚的客户关系上的，当其拥有忠诚的客户关系时，那么，这些忠诚的客户自然对这个企业品牌的喜爱度是毋庸置疑的，因为一个企业品牌的客户忠诚度和喜爱度是相辅相成的，是必须同时存在的。

如果说品牌的客户喜爱度要从客户忠诚度下手，那么如何才能提高客户对品牌的忠诚度呢？忠诚度也是建立在客户对品牌的信任上的，现在市面上各种关于品牌事件的新闻层出不穷。

比如，某个品牌的牛奶买回来是变质的，买了不久的空调不制冷却大量耗电，刚买的手机没用多久就自动黑屏、死机，用了一次的护肤品让全脸起红斑，等等，这些事件的新闻抖出来的时候也就造成客户对其品牌产生了信任危机。

如果一个品牌真的出现了这种信任危机，只需要想办法解决就行了，怕就怕的是不解决，还拖着。这就会造成局面越来越恶化，客户对其品牌的信任度就会降得更低，信任度低了，客户的忠诚度也就没有了，忠诚度没了，客户自然就不会去喜欢这个品牌，更加不会去购买这个品牌的任何产品。

那么，究竟怎么做呢？一个企业品牌的客户信任度和忠诚度都要提高，才能让客户对其品牌的喜爱度提高。下面来说一下怎样提高客户的信任度，总结为以下三点。

第一点，就是需要解决生产商和经销商的权责不清的问题，客户对其品牌的信任度，不单单是出现了产品问题，还有就是产品出了问题没人解决，这除了产品的质量问题还有售后的问题。

当出现产品的质量问题和售后问题时，解决才是王道，而不是消费者找经销商，经销商推给生产商，生产商又推给经销商，这样推来推去，那么到底谁去解决呢？

当消费者找到经销商说产品出现了质量问题时，经销商就会说，这个产品是生产商生产的，我们经销商只负责销售，我们这里也没法解决这个问题，要找生产商才行。如果是生产商又会说，这是经销商负责卖的，他们搞的活动，我们也不太清楚，等等之类的推辞语。

消费者找来找去都解决不了任何问题，经销商和生产商却没有明确的解决问题的方案。产品质量出现问题，很多企业普遍会出现这种失误，但是只要事先想好解决问题的方案，就不会出现客户对其品牌的信任度降低的情况，就算没有解决问题的方案，直接给消费者诚恳道歉，然后换一个全新的产品也是一个解决问题的方式。

第二点就是必须提高企业员工的素质问题，比如，现在几乎所有的企业在互联网上，像淘宝、天猫上都有旗舰店，人们现在大多习惯在网上购物，那么，网上购物的消费者可以直接联系的也就只有旗舰店的客服，如果产品出现问题，只可以联系他们。

那么，像现在的客服和消费者的纠纷都来自哪里呢？即出现问题后消费者没有得到合理的解释和处理方式。这种情况下，企业一定要给员工制定良好的管理规范守则，在这个前提下，还要让员工提高执行力。

消费者每次打电话过去，接听的人都不同，还有的人直接推卸责任，这也就导致了问题一直得不到解决，如果问题一直解决不了，消费者的耐心耗尽了，就会直接投诉。

如图 10-11 所示为某淘宝店铺的客服回复截图，一个吊牌问题纠结了几个小时最后还是没有解决，而且中间换了客服，还需要消费者提醒她去看上面的聊天记录。

◆ 图 10-11　某淘宝店铺的客服回复截图

消费者收到这种别人退回去的产品，说想要退货直接退不就行了？现在的产品不都是七天无条件退货退款的吗？既然是无理由，那么就当作消费者不喜欢好了，直接退了对双方都好，免得消费者后面的差评影响店铺评分，可是这家的客服还一直在拖，这就说明员工没有受到一个良好的售后服务培训。

因此，企业必须要强调售后服务这一块的员工素质，一方面要对用户加强专业知识的培训，以此给予用户真正的帮助，另一方面一定要对员工强调以人为本的企业精神，创建一个良好的企业文化。

第三点就是提高消费者对产品的使用感受。企业在生产产品方面往往会把注意力放在客户需求和客户购买上面，因为这两方面是一个企业是否会拥有高销量的保障。但不应该只看到这两方面，还有客户对产品的使用感受这一方面也是需要重点注意的。

如图 10-12 所示为某品牌粉底液在抖音平台的短视频评论截图画面，其中就有一位用户评论说，“从此不买这个品牌”。这就是其使用过后发现产品不怎么样，才会如此评论。

◆ **图 10-12　某品牌粉底液在抖音平台的短视频评论截图画面**

身为生产产品的商家，应该设身处地站在消费者的角度多想一想，消费者购买你的产品真正想要的是什么，以及消费者为什么要购买你的产品。答案显然是为了使用，不管什么产品都是具有一定的使用价值的。产品的使用感受越好，消费者才会更喜欢，才会变成回头客，从而提高用户忠诚度。那么，这样一想，提高消费者对产品的使用感受这一点是不是很重要呢？

一个企业如果可以做到上述 3 点，那么客户对品牌的信任危机也就不会存在了。当然，客户对品牌的忠诚度和喜爱度自然也会跟着提升。

148 购买意愿：用户的购买力

购买意愿是指用户对产品的购买意向，想不想买这个产品；用户购买力就是在用户有购买意愿的情况下，购买商品的能力。

想要用户产生购买力，那么用户的购买意愿就是前提。企业要做的就是提升用户的购买意愿，从而达到用户购买商品的结果。那么，用户的购买意愿又会受哪些因素影响呢？笔者一共总结了以下几个方面。

第一个是商品是否引起需要。消费者在产生想要购买某个商品的念头时，就一定会想："我是否真的需要。"一般的消费者只买自己真正需要的商品，不需要的自然就不会买，因为买了也用不过来。以口红为例，像口红这种商品保质期一般是三年，三年的保质期一过就不能用了，而且口红还是比较慢的消耗品，所以对于这种商品买多了也是浪费。

如果某个商品用户暂时用不到不会产生购买力怎么办呢？这其实很好解决，就口红这个类目而言，虽然买多了用不过来，但用不过来是消费者的事情，买不买也是消费者自己的意愿，对于销售而言，只需要将口红卖出去就可以了。

像这种在某个平台专注于某一类目的网络红人，品牌商可以找与自己相同类目的大咖一起合作，将品牌产品进行推广来加强商品在用户心目中被需要的感觉，从而转化成用户购买力。

品牌通过和大咖合作，将口红成功推广并销售出去，评论里面有的回复"已经剁手，买了两只"，还有的回复"有货了，别和我抢"，还有一位用户说"我现在都不敢看我的账户余额了"。这些评论都印证了这种推广模式的成功。

第二个影响用户购买意向的就是信息收集。用户在购买一个商品前会对该商品进行了解，比如这个商品适不适合自己，这个商品质量好不好，或者是自己已经买过了，要不要再次回购等一些困扰用户的问题。

那么，对于这些问题用户该怎样去了解呢？比如，用户可以通过公共来源了解到，如电视媒体、网络媒体和消费者评价等，抑或是个人来源，比如自己身边的亲戚朋友、同事、认识的人的传播，再或者是自己的经验总结。

以抖音短视频平台为例，抖音里面有一个搜索界面，用户可以在搜索界面输入想要了解的关键信息并点击“搜索”就会出现一系列的产品信息。

比如想要了解粉底液，在搜索栏中输入关键词“粉底液测评”即可，搜索之后的结果就会是各种短视频讲解。像粉底液这种类目，搜索结果大多是美妆博主对粉底液的测评结果视频。这种类型的信息收集就属于网络媒体抖音平台的信息收集。

还可以利用抖音平台的评论回复区进行信息收集。比如，关于粉底液品牌的信息收集。不过不是靠短视频的内容，而是在短视频的评论回复区进行信息收集。短视频的内容是关于粉底液测评的，所以下面的评论区也都是关于粉底液的，大多是粉底液好不好用，适不适合油皮、干皮之类的。这种类型的信息收集就属于评论回复区的信息收集。

当用户对产品进行了全面的了解之后就会产生最终是否购买这个商品的决定，即当用户达到一定的购买意愿之后，就会产生最终的购买力。

149 品牌联想：横向和纵向

品牌联想是指消费者对某一品牌所了解的知识体系中，与其品牌相关的一切信息，其中也包括消费者对某一品牌内涵的认知和理解。

具体来讲就是对消费者来说，当其想到或者看到某个品牌时最直接想到的一种产品、一个企业或者是一个符号、一个人等，也可以是其品牌的产品功能性、象征性和体现的利益。

品牌联想还可以是消费者对其品牌最直接的总体态度和总体评价，消费者对某一品牌的每一个联想都是可以用联想其品牌的强度、认同度和独特性这 3 个指标来进行测量的。品牌联想的内涵可分为 3 种不同的形态，如图 10-13 所示。

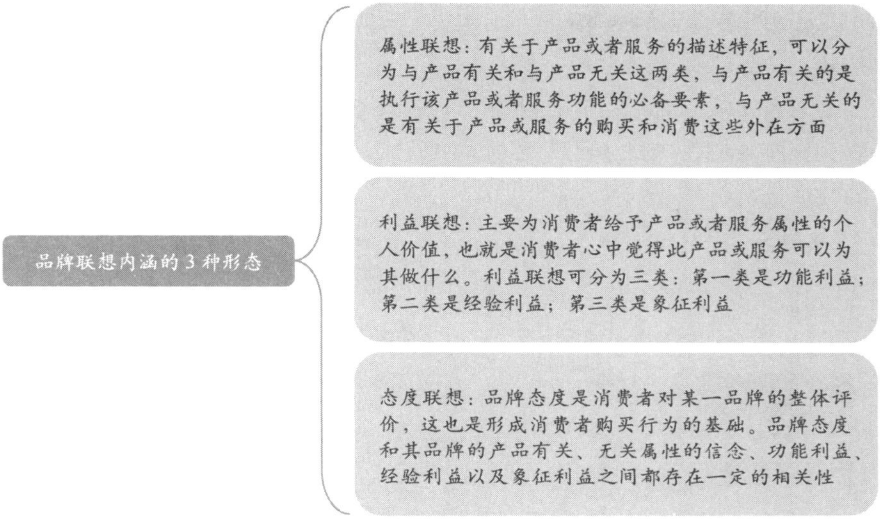

◆ 图 10-13　品牌联想内涵的 3 种形态

所谓“品牌联想度”，例如，在餐饮领域，提到服务，人们首先想到的必然是海底捞这一品牌；提到湖南卤味特产，绝味鸭脖必然是首选……

可见，品牌联想度是对品牌营销效果评估方面的更高要求——是一种比“未见其人先闻其声”的先声夺人更具影响力的效果评判。在品牌联想度评判中，有两种方向上的联想：一是横向上，即从一个品牌联想到同类中的更具影响力的领先品牌；二是纵向上，即从一个概念、理念联想到其所代表的典型品牌。例如关于芙蓉古镇的抖音短视频案例。

看到这个视频，人们会不会联想到乌镇、周庄等古镇的“领先”品牌呢？这就是横向品牌联想的魅力。

例如，包含了“轻奢”概念的抖音短视频案例。看到这个视频，人们会不会联想到倡导这一理念的餐饮品牌“雕爷牛腩”呢？这就是纵向品牌联想的魅力。

150　精准分析：新增粉丝数据

关于用户数据，运营者首先要做的就是要查看每天有多少新增粉丝关注了你，又有多少粉丝取消了关注，以及平台一共积累了多少粉丝等，这些都是要掌握的关于用户数量的最基本的情况。本小节主要介绍查看平台新增粉丝数据的具体内容。

运营者如果想要查看新增粉丝数据，需要单击“粉丝管理”按钮并在弹出的下拉列表框中选择“粉丝概况”选项，如图 10–14 所示。

◆ 图 10–14　查看新增粉丝数据的操作

在“头条粉丝”区域，可以查看“7 天”“14 天”和“30 天”的新增粉丝数。图 10–38 所示为头条号“手机摄影构图大全”后台中显示的以 30 天为一个时间区隔的新增粉丝趋势情况的折线图。

专家提醒

由图 10–14 可知，在“粉丝概况”页面，最上方显示了“粉丝数”“粉丝累计阅读量”和“粉丝收益”3 个数据，接着才是“头条粉丝”数据情况。

在图 10–15 所示的趋势图中，将鼠标指针指向不同的节点（日期点），还能够看到该日期下的详细的新增人数数据，如图 10–16 所示。

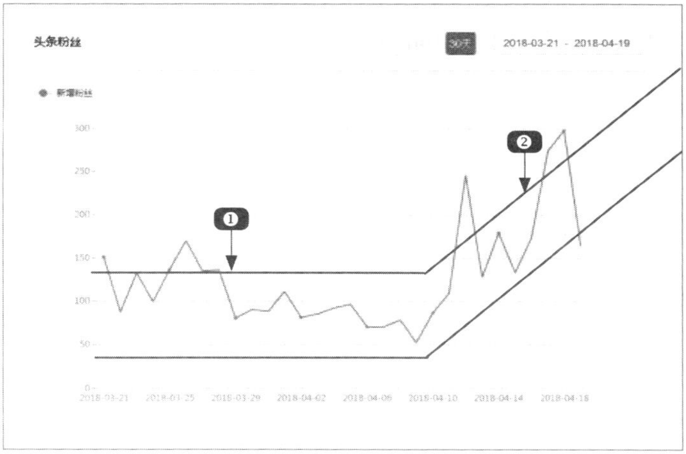

◆ 图 10-15　头条号新增粉丝数据趋势折线图

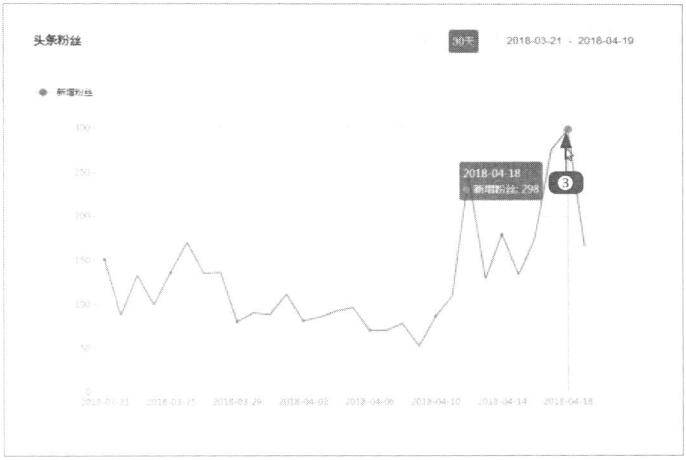

◆ 图 10-16　显示具体日期数据的新增粉丝数据趋势折线图

在分析上述两幅新增粉丝数据的趋势图时，有如下两方面的意义：

（1）观察新增粉丝的趋势，可以以此来判断不同时间段的宣传效果。

整体趋势：从图 10-15 中可以看出，❶ 该头条号这 30 天内的前期和中期趋势较平缓，折线图起伏不大，且在中期新增粉丝数有所回落；❷ 当运营到后期时，数据迅速攀升。

但无论是哪一个时间段，在这 30 天内，每天都有 50 人以上关注了该头条号，可见其在宣传推广上还是不曾懈怠的，时常用吸引用户的原创内容推出，从而取得了不错的宣传效果。

（2）观察趋势图中的“峰点”和“谷点”，可分析出不同寻常效果出现的原因。

峰点：表示趋势图中处于高处的突然下降的节点。它与“谷点”相对，都是趋势图中的特殊的点，意味着头条号的内容推送可能产生了不同寻常的效果。图 10–16 中 ❸ 处，是 2018 年 4 月 18 日的新增粉丝数据，数值为 298 人。那么，为什么这一天的新增粉丝人数呈现出“峰点”的趋势呢？

此时就需要找出原因——是平台内容吸引人、关键词布局得合理、文章标题有吸引力，还是其他的原因——等查明原因后，运营者就相当于积累了一次经验，以后可以把这种经验复制下去，从而寻求不断地获得更好的效果。

专家提醒

在此，30 天这一周期是指从当前日开始到往前数 30 天的这一段时间，而不是以 30 天为一个区间的任意一段时间。如果运营者想查看头条号某一段时间的新增粉丝数，可以单击“头条粉丝”区域右上角的“时间选择”按钮，然后在弹出的日历表中标记起止时间即可完成选择，如图 10–17 所示。

◆ 图 10–17　选择显示数据的时间区间

因为选择的不是当前日往前的 30 天，所以即使选择的恰好是 30 天的时间区隔，此时也不会出现 30天 标记，也就是说，呈现的是未选中状态。